DAILY
TEACHINGS

DAILY
TEACHINGS

Rhonda Byrne

살림

THE SECRET DAILY TEACHINGS

"당신이 이 위대한 법칙을 알게 될 때,
당신이 믿을 수 없을 만큼 강력한 힘을 지녔다는 것을
알게 될 것이고, 당신이 상상하는 삶이
실제로 이루어질 것이다."

론다 번

『시크릿』

이 책을 당신에게 바칩니다

'시크릿'에는 당신이 우주의 순리를 따라 살기 위해 지켜야 할 원칙과 그것을 위해 해야 할 중요한 일이 담겨 있다. 당신은 이 원칙대로 살 때에만 삶의 주인이 될 수 있다.

이 책을 통해 깨닫게 될 가르침, 분별, 이해, 지혜를 통해 삶의 길을 걸어보라. 하루하루가 인류를 지배하는 법칙에 따라 우주와 조화를 이루는 삶으로 바뀔 것이다. 이제 당신에게는 원하는 곳으로 삶을 끌고 갈 수 있는 힘을 얻게 될 것이다.

즐거움이 당신과 함께할 것이다.

혼다 번

삶을 빠르게 변화시키려면, 당신의 에너지에 감사를 활용하라. 당신의 에너지를 감사로 바꿀 때 삶에서 기적을 보게 될 것이다.

재빨리 무언가를 바꾸려면, 변화할 때까지 매일 100가지씩 감사한 일을 적으라. 그리고 감사를 '느끼라.' 감사의 말을 전하는 그 '느낌'이 바로 당신의 힘이다.

무엇을 느끼든 간에 그것은 당신의 미래를 결정한다.

걱정은 더 많은 걱정을 끌어당기고, 염려는 더 많은 염려를 끌어당긴다. 불행은 더 많은 불행을, 불만족은 더 많은 불만족을 끌어당기게 되어 있다.

그리고

즐거움은 더 많은 즐거움을, 행복은 더 많은 행복을, 평화로움은 더 많은 평화로움을, 감사는 더 많은 감사를 끌어당긴다. 친절은 더 많은 친절을 그리고 사랑은 더 많은 사랑을 끌어당긴다.

문제는 당신 내부에 있다. 당신이 미래를 바꾸고자 한다면, 당신이 해야만 하는 모든 일은 당신 내부에서 느끼는 방법을 바꾸는 것이다. 얼마나 쉬운가?

우주는 매 순간 당신과 소통하고 인도한다. 당신의 생각에 응답하고, 당신의 감정을 통해 매우 유용한 피드백을 준다. 감정은 우주와 소통하며 얻은 결과물이다. 좋은 감정은 말 그대로 당신에게 좋은 것이다. 나쁜 감정은 당신이 집중하고 있는 무엇을 변화시키기 위해 당신의 관심을 끄는 것이다.

매일 당신의 감정(당신과 우주와의 대화)에 귀 기울이라. 당신은 절대 혼자가 아니다. 우주는 단계마다 옳은 방향으로 당신을 인도한다. 그러려면 반드시 그 소리에 귀 기울여야 한다.

부정적인 상황에 맞닥뜨렸다면 좋은 경험이 될 만한 것을 찾으라. 우리에게 일어나는 모든 일은 우리를 성장으로 끌어당기고 결국 모든 것은 우리 자신에게 자양분이 된다.

새로운 상황이나 방향에 적응한다는 것은 새로운 능력과 힘을 요구한다는 것이다. 이러한 능력은 삶에서 위대한 무엇인가를 성취하기 위해 습득해야만 하는 것들이다.

어디에 있든 얼마나 힘든 일이 일어나든 간에 당신은 항상 최고
가 되기 위해 나아가고 있다.

"행복은 우리 자신에게 달려 있다."

아리스토텔레스(기원전 384년~기원전 322년)

Day 7

인생을 완벽하게 바꾸는 데 작용하는 가장 불가사의한 단어가 있다. 당신의 입에서 이 단어가 나오는 순간, 행복과 즐거움이 찾아올 것이다. 이 단어는 당신의 인생에 기적을 가져다주고, 부정적인 성향을 없애주며, 모든 것에서 풍요로움을 가져다준다. 이 단어가 진실하고 완전하게 표현됐을 때, 우주의 모든 힘은 당신에게 모든 것을 가져다줄 것이다.

당신과 행복 그리고 미래 사이에는 이 단어가 있을 것이다.

"감사합니다."

우리는 내면에 잠재된 것을 자신에게 끌어들인다. 우리가 끌어당기고 경험하는 모든 환경과 사람 그리고 상황은 우리 안에 잠재된 무언가에서 기인한다. 이것보다 더 강력한 구조를 찾을 수 있겠는가?

인생은 자신의 내면을 반영한다. 그리고 내면은 항상 당신 통제하에 있다.

당신은 특별하고 훌륭한 '인간'이다. 지구 상 수십억 명의 사람 중 또 다른 '당신'은 없다. 그리고 당신의 존재는 우주가 제 기능을 할 수 있도록 하는 데 필요한 필수불가결한 존재다. 왜냐하면 당신은 우주 전체의 일부분이기 때문이다. 당신이 보는 모든 것 그리고 존재하는 모든 것은 당신 없이는 존재할 수 없다!

끌어당김의 법칙과 우주와의 긍정적인 조화 속으로 당신을 끌어당기는 간단하고 강력한 방법이 있다.

편안하게 앉아서 감정에 집중하고 몸 전체의 긴장을 풀라. 몸 전체를 느슨하게 하면서 더욱 긴장을 풀도록 하라. 그리고 할 수 있는 한 더욱 긴장을 풀라. 이렇게 7번 정도 계속 반복한다. 그런 다음, 긴장을 풀기 전과 후의 느낌 차이를 비교해보라.

당신은 끌어당김의 법칙과 우주와의 조화 속으로 더욱 다가가 있을 것이다.

계속하고, 계속하고, 계속하라. 그러면 '시크릿'이 당신의 두 번째 본성이 되는 순간에 도달할 것이다. 특히 사람들이 원치 않는 것에 대해 말할 때, 당신은 그 단어가 무엇인지 인지하게 될 것이다. 당신이 하는 말에 대해서도 무슨 의미인지 알아차리게 될 것이다.

당신이 이 수준까지 이르게 되면 당신의 의식이 점점 더 높아졌다는 의미다. 당신은 더 의식적인 사람이 되는 것이다.

인생의 순간순간마다 우리는 끌어당김을 당한다. 원하는 것을 소유하지 못하면 당신은 끌어당김의 법칙이 잘 적용되지 않았다고 느낄 것이다. 하지만 이것은 끌어당김의 법칙이 당신에게 반응하는 것임을 인지해야 한다. 당신은 원하는 것 또는 원치 않는 것 중 하나를 끌어당기기 때문이다.

이 법칙은 여전히 작동 중이다.

"우리 세대의 가장 큰 혁명은, 사람의 마음가짐 변화가
그들 삶의 외적인 측면까지 변화를 줄 수 있다는 사실의 발견이다."

윌리엄 제임스(1842년~1910년)

삶에 대한 질문을 시작한다는 것은 당신이 주요한 돌파구를 갖고 있다는 것을 의미한다.

삶의 진실은 모든 사람을 위해 바로 이곳에 있지만, 항상 그러하듯 삶의 진실에 대해 질문한 사람만이 그 답을 듣고 진리를 발견한다. 질문할 때 우리는 이해할 수 있는 형태로 그 답을 얻기를 진심으로 바란다.

인생에서 그 답을 알아내기 위해서는 당신이 직접 질문을 시작해야 한다.

사랑은 우리가 끌어당김의 법칙과 완벽하게 조화를 이룰 때 얻게 되는 가장 강력한 힘이다. 우리가 사랑할수록 강력한 힘을 얻게 된다. 우리가 이기심 없이 사랑할수록 더욱더 강력한 힘을 얻게 된다.

끌어당김의 법칙은 그 자체가 인류애의 선물이므로 사랑의 법칙으로도 통한다. 끌어당김의 법칙은 믿기 어려운 위대한 삶을 창조한다.

우리가 더욱 큰 사랑을 할수록 사랑, 즐거움, 조화로운 삶을 만들 수 있는 더 강력한 힘이 발휘될 것이다.

우주와 조화를 이룬다는 것은 어떤 느낌일까?

그 느낌은 당신이 물에 둥둥 떠다니는 것과 같다. 만약 긴장하거나 그 물에 저항하면 당신은 가라앉게 될 것이다. 하지만 그 물에 따르면 물은 당신을 도와줄 것이고, 당신은 안전하게 물 위에 뜨게 될 것이다. 우주와 조화를 이룬다는 것은 바로 이러한 느낌이다.

긴장감을 떠나보내라!

끌어당김의 법칙에 의하면, 병을 제거하는 방법은 그 병과 싸우는 것이 아니다. 만약 병과 싸우기로 했다면 당신은 그 병과 싸우는 것에만 관심을 두게 된다. 물론 우리는 관심 있는 것을 끌어들이기 마련이다. 하지만 병과 싸우는 일은 의사의 몫이라 생각하고, 당신은 건강과 행복에만 관심을 두라.

건강과 행복만을 생각하라. 건강과 행복에 관련된 말을 하고 완벽한 당신의 상태만을 상상하라.

당신의 재정 상태를 바꾸기 위한 가장 중요한 방법 중 하나는 수입의 10%를 기부하는 것이다. 이것이 바로 십일조다. 십일조는 당신의 인생에 더 많은 부를 가져다줄 수 있는 가장 위대한 행동이다.

오래된 차는 대체로 지저분하고 더럽지만 최고급 차는 티끌 하나 없이 아주 깨끗한 상태를 유지하고 있다. 그 이유는 무엇일까?

그것은 감사의 차이다.

가진 것에 감사하는 마음은 당신이 원하는 것을 가져다준다.

이것이 바로 누군가가 더 좋은 차를 소유하게 되는 이유다.

"다른 사람들을 변화시키려고 애쓰지 말라.
그들이 원해서 스스로 바꾸려고 할 때
자연스럽게 변화되도록 하라. 당신의 변화가
가치 있다는 것을 그들이 알게 되면 자신도 변화를 원할 것이다."

"다른 사람들이 더 나은 삶을 위해 변화하도록 영감을 주는 것은
진실로 고귀한 일이다. 그러나 그들을 내버려두는 것이 당신이
할 수 있는 유일한 방법이고, 자신을 고귀하게 만드는 일이다."

크리스찬 D. 라르슨(1874년~1962년)

『자아 지배력 *Mastery of Self*』

부정적인 모습으로 표출되는 모든 것에도 좋은 면이 있다. 만약 부정적인 상황 속에 좋은 면이 있다는 것을 알 수 있다면, 우리는 부정적인 상황을 좋은 상황으로 바꿀 수 있다. 하지만 대부분의 사람들은 '부정적인 것은 나쁜 것'이라는 꼬리표를 달아 놓고 그 안의 좋은 면을 멀리한다. 당연히 나쁜 상황은 현실이 되어버린다. 그러나 우주에 나쁜 것이란 존재하지 않는다. 더 큰 관점에서 볼 때, 우리가 명확하게 알지 못하는 무지일 뿐이다.

평화는 좋은 것이 주변에 산재해 있음을 아는 데서 비롯된다.

당신은 끌어당김의 법칙과 긴밀한 관계에 있다. 당신은 끌어당김의 법칙과 당신의 관계를 통해 자신의 삶을 만들어간다. 모든 사람은 끌어당김의 법칙과 나름의 관계를 맺고 있다. 당신은 당신을 위해 이 법칙을 사용하고, 또 다른 사람들은 그들 자신을 위해 이 법칙을 사용한다. 당신이 다른 사람의 의지를 무시한 채, 그들에게 이 법칙을 적용할 수 없다. 그러나 이 법칙이 이러한 방법으로 작용하는 것에 감사하라. 그렇지 않으면 다른 누군가가 당신의 삶을 원치 않는 방향으로 만들 수 있을 테니 말이다.

당신의 생각과 감정만으로 당신을 만들어가는 것이다. 아무도 당신의 것을 만들어내지 못한다.

만약 힘든 시기를 보내는 친구가 있다면, 기꺼이 그 친구를 도우라. 당신의 좋은 감정이 그들을 도울 것이다. 당신은 그들의 대화에 개입함으로써 그들이 원하는 것을 말하도록 도울 수 있다. 그들이 원하지 않는 것에 대한 대화를 하고 있다면, 그들이 원하는 것을 말할 수 있도록 이끌어주어야 한다. 그들에게 힘든 시기는 끝날 것이라고 말해주고, 아름다운 결과를 상상하도록 제안하라.

그들과의 대화에서는 방향을 제시해주고, 그들이 우주와 조화롭게 지낼 수 있도록 도우라.

당신은 삶을 어두운 곳에서 밝은 곳으로, 부정적인 삶에서 긍정적인 삶으로 바꿀 수 있다. 긍정적인 부분에 초점을 맞출 때마다 삶은 더욱 밝게 빛나고 그 빛이 모든 어둠을 없앨 수 있음을 알게 될 것이다. 감사, 사랑, 다정한 생각과 언행은 밝은 빛을 가져오고 어둠을 없앨 수 있다.

삶을 긍정의 빛으로 가득 채우도록 하라.

당신의 생각과 감정을 통해 주파수를 계획적으로 관리하게 되면 당신은 주파수에 높낮이가 있다는 것을 알게 될 것이다. 당신이 이쪽저쪽으로 주파수를 옮겨 다니고 있다는 것도 알게 될 것이다. 이러한 과정은 아주 순식간에 일어나 당신이 높은 주파수로 안정화 시키려고 하면 그 주파수는 더욱더 높은 곳으로 오르게 될 것이다.

우리가 걸음마를 떼는 데 시간이 걸리지 않았는가? 하지만 걷고자 결심했었다. 다른 방법은 그 어떤 것도 없다.

"값비싼 무엇을 소유한다는 것이
만족과 행복을 가져다준다는 생각은 오산이다.
사람이나 장소 또는 물건은
당신에게 행복을 줄 수 없다. 그것들은 단지
삶의 행복과 만족의 요인을 당신에게 알려줄 뿐이다.
그러나 삶의 즐거움은 그것들 안에서 기인한다."

주느비에브 베런드(1881년~1960년)

『보이지 않는 힘 *Your Invisible Power*』

더 나은 내일을 꿈꾼다면, 잠들기 전에 해야 할 일이 있다. 오늘 행복했던 순간을 떠올리며 감사한 마음을 갖는 일이다. 만약 당신이 원하는 대로 이루어지지 않았다면, 당신이 원했던 대로 이루어졌다고 계속 생각하라. 잠들기 전, '나는 숙면을 취할 것이고, 에너지가 가득 충전되어 일어날 것이다. 내일은 내 인생에서 가장 아름다운 날이 될 것이다'라고 되뇌라.

굿 나잇!

사람들은 아주 특별한 사람과 사랑하기를 원한다. 그러나 사랑하는 사람에 대해 깊이 생각해보라. 그는 당신이 원한 그런 특별한 사람이 아닐 것이다. 완벽한 사람과 더 없이 행복해지는 것을 꿈꾸는 사람들은 우주에 특별한 사람을 만나게 해달라고 요청한다. 만약 우주에서 그 소원을 들어주지 않는다면, 우주는 당신에게 이런 메시지를 명확하게 전달하는 것이다. "내가 이미 20년을 확인해봤지만, 당신에게 그러한 관계는 없으리라 생각한다."

당신이 당신에 대해 알고 있는 것보다 왜 우리가 더 많은 것을 알고 있는 것일까?

지구와 인류는 당신을 필요로 한다. 그들은 당신을 필요로 하고, 그것이 바로 당신이 여기 있는 이유다.

당신은 무엇이든 통제할 수 있는 능력이 있다. 그중에는 부정적인 생각을 떨쳐버리게 만드는 능력도 있다.

"가버려! 네가(부정적인 생각) 있을 곳은 내 안에 없어. 내 안에는 강인한 정신력이 있어. 내 안에는 단지 좋은 것, 완벽한 것만 존재할 수 있어."

이보다 더 진실된 말을 해본 적은 없을 것이다.

당신이 태어난 순간부터 삶에서 절대 떠나지 않는 어마어마한 파트너가 있다. 그 파트너는 당신이 무엇을 원하든 간에 무한한 수단과 방법으로 그것을 제공한다. 시간에 구애받지도 않고, 크기도 상관없다. 파트너가 존재하기 위한 공간도 따로 필요하지 않다. 파트너가 당신을 위해 할 수 없는 것은 그 어떠한 것도 없다.

당신이 해야 하는 모든 것은 이 어마어마한 우주의 법칙에 따른다. 당신이 요청하는 순간 진심으로 믿으면 당신이 원하는 것은 이미 당신 것이 된다.

우주 전체가 당신의 전부를 지지하고 있다는 것을 상상하라.

만약 삶에 변화가 없다면, 당신은 존재하지 않는다는 사실을 아는가? 우주는 에너지를 갖고 있기 때문에, 우주를 비롯해 모든 것은 계속 변하고 있다. 에너지는 움직임이나 변화가 있을 때에만 존재한다. 만약 에너지가 움직임을 멈춘다면, 우주 전체와 우리의 삶은 멈추고 만다.

인생도 에너지로 되어 있어서 늘 움직이고 변화한다. 살아가는 동안 당신은 행동과 변화를 멈출 수 없다. 에너지의 변화 속성은 우리에게 삶을 제공한다. 이 변화의 속성은 우리 자신과 인생을 성장시킨다.

좋은 생각을 하라.

좋은 말을 하라.

좋은 행동을 하라.

이 세 가지는 당신이 상상한 그 이상의 좋은 일들을 가져다준다.

"생각은 말로 표현되고, 말은 행동으로 드러난다.

행동은 습관으로 발전되고 습관은 성격으로 굳어진다.

당신의 생각을 잘 관찰하고 생각하는 방법에 주의를 기울이라.

모든 생각이 사랑에서 나오도록 하고 모든 것에 관심을 기울이라."

석가모니(기원전 563년경~기원전 483년경)

끌어당김의 법칙은 특정 개인에게만 해당하는 것이 아니다. 이 법칙은 복사기처럼 작동한다. 즉, 당신이 매 순간 느끼고 생각하는 것을 그대로 복사해서 다시 당신에게 되돌려주는 것이다. 이것이 바로 당신의 삶이다. 이 법칙은 당신의 능력이 당신을 둘러싼 모든 것을 매우 쉽게 바꿀 수 있도록 한다.

당신 주변의 모든 것을 바꾸려면 당신이 생각하고 느끼는 방식을 변화시켜야 한다. 끌어당김의 법칙은 그러한 변화를 이끌 것이다.

삶에 변화를 주기 위해 우리는 '괴로워하기보다, 행복한 삶을 살 것'이라고 결심해야 한다. 우리가 할 수 있는 유일한 방법은 감사한 일을 찾는 것 말고는 그 어떠한 방법도 없다.

우리가 더 좋고 긍정적인 면에 관심을 기울이기 시작하면, 끌어당김의 법칙은 우리의 생각을 복사해서 다시 우리에게 되돌려준다. 그러면서 좋은 일이 점점 일어나게 된다. 그리고 계속 좋은 일이 생길 것이다. 계속……

무엇을 원하든 그 선택권은 전적으로 우리에게 있다. 삶에서 그 선택권을 어떻게 사용할 것인지에 대한 권한은 전적으로 당신의 손에 달려 있다. 당신은 선택할 수 있다.

오늘 더 행복한 삶을 살지, 아니면 그 행복한 삶을 내일로 미룰지도 당신이 선택하는 것이다.

어떤 삶이 더 나은가? 지금, 선택하라.

삶의 모든 부분에 감사한 마음을 갖는다는 것은 매우 중요하다. 많은 사람들은 자신들이 원하는 것에만 관심을 가질 뿐 자신들이 가지고 있는 것에 감사를 느끼는 것을 잊어버린다. 감사하는 마음 없이는 끌어당김의 법칙을 활용한다 해도 그 어떤 것도 성취할 수 없다. 왜냐하면 당신이 존재하고 있다는 것에 감사를 느끼지 않으면 자연스럽게 당신은 불쾌한 마음을 드러내기 때문이다. 원하는 것을 얻기 위해 당신의 주파수를 감사함에 맞추고 상황을 주도하라.

비전판(vision board)은 당신이 원하는 것을 상상할 수 있게 하는 도구다. 당신은 이 비전판을 봄으로써 마음속에 있는 열망을 각인하게 된다. 즉, 비전판에 관심을 가짐으로써 당신의 감각을 활발하게 하고 당신이 가지고 있는 긍정적인 감정을 환기시키는 것이다. 그리고 이러한 창조의 두 가지 요인(당신의 마음과 감정)에 총력을 다해야 한다.

아인슈타인은 시간은 단지 허상일 뿐이라고 이야기했다. 당신이 시간이라는 개념이 허상이라는 것을 받아들이게 되면, 당신이 원하는 것이 무엇이든 간에 그것은 이미 존재하고 있다는 것을 알게 될 것이다. 이것이 바로 원하는 바를 쓰고 상상하고 말할 때, 당신이 현재 시제를 사용해야 하는 이유다. 당신의 몸과 마음 그리고 열망을 겉으로 발산하고, 그것들이 지금 존재한다는 것을 확인하라.

"이 세상에서 타인의 고통을 덜어주는 사람만큼
더 귀한 사람은 없다."

익명의 작가

당신은 삶에 '시크릿'을 사용해왔다(사용하지 않았던 적이 없다). 원하는 것을 끌어당겼든, 원치 않은 것을 끌어당겼든 간에 당신은 끌어당김의 법칙을 사용해왔다. 매일 당신에게 다가온 모든 사람, 사건, 환경은 이 법칙에 의해 당신에게 일어나는 것이다.

시각화란 영화의 장면처럼 흘러가는 그림과 그 속에서 주인공이 된 당신을 상상하는 것이다. 만약 당신이 생각한 그림을 영화처럼 움직일 수 있다면, 당신은 시각화를 아주 빨리 통제할 수 있다. 만약 이 그림이 고정된 것이라면 당신의 마음속에 새기기 힘들 것이다.

다양한 움직임으로 시각화가 활발해지도록 하라. 그러면 당신의 마음은 다른 것에 한눈을 팔 겨를 없이 시각화 활동에 전념하게 될 것이다.

당신이 의도적으로 무엇인가를 만들려 한다면 한 번에 하나씩 집중하는 것이 좋다. 훈련을 통해 당신의 에너지를 강력하게 이용하는 방법을 알게 될 것이다. 그런 후에 여러 가지 일을 동시에 집중하는 것이 가능해진다.

당신의 마음이 돋보기를 통해 투과되는 햇살과 같다고 상상하라. 돋보기를 통해 햇빛을 한 지점에 계속 비추면 곧 불이 붙는 것을 볼 수 있다. 태양과 돋보기, 당신의 마음과 우주와의 관계에는 차이가 없다.

만약 당신이 '시크릿'을 사용하고자 한다면, 나는 당신에게 주파수를 작동시키는 데 집중하라고 조언하겠다. 당신이 원하는 것을 요청하라. 그리고 당신의 내면에 '시크릿'이 작동하도록 하라. 당신의 생각과 감정을 통해 당신의 주파수가 끌어 올려질 수 있도록 집중하라.

당신의 주파수가 우주와 조화를 이루도록 조정하라. 우주의 주파수는 진정으로 좋은 주파수임을 기억하라.

만약 더 많은 돈을 벌기 원한다면 그 돈으로 사고 싶은 물품의 목록을 만들라. 원하는 것들로 당신을 가득 채우라. 그러면 지금 원하는 것을 이미 소유한 기분이 들 것이다. 사랑하는 사람과 그것을 공유한다고 상상하고 그들의 행복을 상상하라.

지금 바로 할 수 있다.

증오는 힘이 없다. 증오는 사랑의 부재다. 마치 빛이 없는 어둠과 같다. 가난은 풍요로움이 결여된 것이고, 병약은 건강이 결여된 것이고, 슬픔은 기쁨이 결여된 것이다. 모든 부정적인 것은 단순히 말해 긍정적인 것이 결여된 상태다.

이것을 아는 것이 매우 중요하다.

"삶의 목표는 자기계발에 있다.
자신의 본성을 완벽하게 실현하는 것,
바로 우리 각자가 지금 이곳에 존재하는 이유다."

오스카 와일드(1854년~1900년)

『도리언 그레이의 초상 *The Picture of Dorian Gray*』

당신이 살아갈 수 있도록 자연이 당신에게 제공해주는 순간순간을 기억해보라. 게다가 자연은 그 어떤 것도 되돌려달라고 요구하지 않는다.

그것이 진정한 베풂이다.

끌어당김의 법칙을 모두에게 이롭게 사용할 때는 자신이 대단한 힘과 연결되어 있음을 의심할 필요가 없다. 그러나 당신의 삶이 충만하기 위해서는 개인적으로 끌어당김의 법칙을 이용할 수 있다. 당신의 삶이 충만해지면 다른 사람들에게 베풀어줄 것이 더 많아진다.

당신의 고통과 비참한 마음은 세상을 돕지 못한다. 그러나 당신의 즐거움과 충만한 삶은 세상에 활력을 불어넣어줄 것이다.

만약 당신이 매 순간 시각화했는데도 아무 일도 일어나지 않았다면 당신이 깨닫지 못하는 강력한 방법으로 당신의 의도를 무시하고 있다는 의미다. 당신은 무엇을 생각하는가? 당신은 무슨 말을 하는가? 당신은 어떤 행동을 하는가? 만약 명확하게 알지 못한다면, 당신이 어느 지점에서 당신의 의도를 무효화하고 있는지 끌어당김의 법칙에 물어보라. 이 법칙은 당신에게 명확히 알려줄 것이다.

만약 당신의 일을 인정받기를 원한다면, 다른 사람에게 감사와 칭찬을 표하는 것으로 당신의 삶을 채우라.

만약 당신이 다른 사람의 결점을 발견한다면, 그가 스스로 결점을 발견할 수 있도록 이끌라. 만약 당신이 다른 사람을 판단해야 한다면, 당신도 자신을 판단하도록 하라. 그리고 만약 당신이 타인에게 감사를 표하면, 당신은 그 감사가 당신에게 되돌아오도록 할 것이다. 당신의 외적인 것보다 당신 내면을 더 우선으로 가꾸어야 한다.

삶 속의 크고 작은 모든 면은 당신에게 주파수로 보여진다. 당신의 주파수 흔적(증거)은 당신이 경험한 사람들, 환경, 사건을 통해 매 순간 당신에게 전달되고 있다.

인생은 당신의 내부에 잠재되어 있는 무언가를 마치 거울처럼 당신에게 반영해주는 것이다.

타인에 대해 부정적으로 생각하면 그 부정적인 것이 더욱 커져서 자신에게 다시 돌아온다. 어떤 사람에 대해 얼마나 많은 사람들이 부정적으로 생각하는지는 중요치 않다. 또한 부정적인 생각은 즐거운 생활을 하는 사람에게 그 어떠한 영향도 주지 못한다. 왜냐하면 그들은 다른 주파수를 가지고 있기 때문이다.

그들의 삶에 부정적인 생각을 가져다줄 사람은 아무도 없다. 그들의 주파수가 부정적일 때를 제외하면 말이다.

"우리는 위대하거나 그렇지 않은 생각을
온종일 강렬하게 발산한다.
그리고 우리는 그러한 생각의 결과를 만들어낸다.
우리의 생각이 우리는 물론 다른 사람들에게
영향을 줄 뿐 아니라, 그러한 생각은 우리 마음속의
가장 위대한 생각의 속성에 따라 주변 사람들, 물건, 환경 그리고
'행운'에 관한 생각을 이끌어내는 힘을 만들어낸다."

윌리엄 워커 앳킨슨(1862년~1932년)

『매력 *Thought Vibration*』

진심 어린 감사를 경험하려면 당신이 평소에 감사하게 생각한 것을 차분하게 작성해보라. 눈에서 눈물이 고일 때까지 계속 작성하라. 눈물이 흐르는 순간, 마음속 깊은 곳에서부터 세상에서 가장 아름다운 감정이 생겨난다. 이것이 바로 진실한 감사다. 이러한 감정을 경험하게 됨으로써, 당신은 이 느낌을 다시 어떻게 만들지 알게 될 것이다.

감사한 마음에 대한 강렬한 느낌은 당신이 가능한 한 많이 느끼기를 원한 바로 그 느낌이다. 당신이 원하는 순간 이런 느낌은 곧 온몸으로 느끼게 될 것이다.

연습만이 당신을 그 수준으로 끌어올린다.

구하고, 믿고, 받으라. 이 단순한 세 단계가 당신이 원하는 것을 이루어준다. 그러나 두 번째 단계인 '믿음'은 당신이 감당해야 할 가장 어려운 것이다. 믿는다는 것은 의심이 없다는 의미다. 믿음은 흔들림이 없다. 믿음은 완전한 신뢰다. 믿음은 외부에서 어떤 일이 발생하든 변함이 없다.

믿음의 단계를 완성하게 될 때, 당신의 삶도 함께 완성된다.

소원을 어떻게 이룰까 고민하고 애쓰면 오히려 소원이 이루어지지 않는다는 사실을 아는가? 어떻게 하면 소원을 이룰 수 있는지 알아내려 고민할수록 우주는 당신이 그것을 바라지 않는다고 받아들인다. 그리고 만약 당신의 소원을 우주에 보내지 않는다면, 우주가 당신의 신호를 어떻게 발견하겠는가?

당신은 우주의 통신국이다. 당신은 매 시간 주파수를 송신하고 수신한다. 원하는 것을 이루기 위해 당신은 우주와 통신장애 없이 원활하게 열망을 주고받아야 한다. 당신은 원하는 것을 드러냄으로써 열망을 달성할 수 있다.

만약 원하는 것이 여기 없다고 생각하거나 열망에 대해 의심하게 되면, 당신은 우주와의 통신을 그만둘 것이다. 당신의 신호를 잃어버린 우주는 오히려 원하는 것이 없다는 새로운 신호를 수신하게 된다. 우주는 이번에도 영락없이 당신의 신호에 응답하고 "내가 원하는 것은 여기 없어!"라고 보낸 당신의 신호를 되돌려준다.

당신이 해야 하는 것은 열망에 대한 주파수를 다시 우주로 보내는 일이다. 그러면 우주는 그에 대한 응답을 당신에게 다시 보내줄 것이다.

우주는 당신의 꿈이 실현될 수 있는 무한한 방법을 갖고 있다. 당신이 꿈에 대한 강한 열망을 품고 있다면 어떻게든 상상치 못한 방법으로 외부로 발현될 것이다.

열망에 대한 발산은 간직하고, 나머지는 우주에 맡겨두라.

내가 어떻게 돋보기 없이 '시크릿'을 사용할 수 있었을까?

나는 돋보기를 쓰지 않은 내 모습을 상상하고 요청했다. 나의 시력은 사흘 만에 좋아졌다. 그러나 나는 사흘이 아니라, 내가 요청을 하던 그 순간에 이미 가능해졌다는 것을 알았다. 만약 내가 사흘이라는 기간에 집중했더라면 나에게 이런 일은 가능하지 않았을 것이다. 나는 그렇게 되리라는 것을 전적으로 믿었다. 나는 절대적으로 신뢰했다. 내 눈이 좋아졌다는 것, 혹은 나의 눈에 내가 적응하는 데 사흘이 걸린 것이라고 나는 자신 있게 말할 수 있다. 그것은 사실이다. 왜냐하면 나는 내가 요청했던 순간 이미 나에게 주어졌다는 것을 안다. 내가 의심하지 않았기 때문이다. 나의 다짐으로 인해, 내 시력은 사흘 만에 아주 좋아진 것이다.

"우리가 좋은 인생을 살고 있다면,

매 순간 좋다는 것이다.

우리 자신이 바로 이 순간이기 때문이다."

성 아우구스티누스(354년~430년)

우리가 가지고 있는 것에 감사를 느끼지 못한다면 우리가 가질 수 있는 것은 아무것도 없다. 모든 것에 감사하는 사람이 있다면, 그들은 다른 어떤 것도 요청하지 않았을 것이다. 왜냐하면 이미 그들은 요청하기 전에 받았기 때문이다.

이것이 바로 감사의 힘이다.

당신이 해야 하는 것은 긍정(goodness)의 주파수를 구하고, 믿고, 받는 것이다. 그 외에 특별히 해야 할 것은 없다. 우주는 당신을 포함한 모든 것의 움직임에 영향력을 행사한다.

당신이 우주의 영향력을 구하고 믿고 그 길을 방해하지 않을 때, 우주는 그 본연의 일을 할 수 있다.

부정적인 사고에 대해 걱정하지 말고, 그것을 통제하려고도 하지 말라. 당신이 해야 할 일은 매일 좋은 생각을 하는 것이다. 매일 당신이 할 수 있는 한 좋은 생각을 많이 하라. 당신이 좋은 생각을 하기 시작하면 좋은 생각이 더 많이 끌어당겨질 것이고, 그러면 좋은 생각은 부정적인 생각을 완전히 몰아낼 것이다.

더 행복하고 좋아지려면 세상의 진리가 삶 안으로 들어가게 하라. 주변을 돌아보고 지금 이곳에 있는 좋은 것에 감사하라. 지금 이곳에 존재하는 것과 주변의 아름다운 것을 찾아보라. 불만은 삶을 행복하게 만들지 못한다. 불만은 현재를 만들 뿐이다. 하지만 당신이 가지고 있는 것에 대한 감사는 더 행복하고 나은 미래를 당신에게 가져다준다.

당신은 매력적인 사람이라는 것을 기억하라! 감사는 또 다른 감사를 낳는다.

우리는 우리 삶에 영향을 미칠 만한 큰 변화를 종종 '불운'이라 부른다. 그것은 우리에게 슬픔과 고통을 가져다준다. 그 변화에 저항하다가 괴로워하기 때문이다. 그러나 당신은 언제나 선택할 수 있다.

우주 속에는 한 길만 있는 것이 아니다. 어떤 일이 일어나든 빠져나갈 구멍은 있기 마련이다. 당신에게 닥친 일을 두려워 말라. 인생의 모든 순간과 상황에는 두 가지의 길이 존재한다. 긍정의 길과 부정의 길, 당신은 이 둘 중 자신이 선택하는 길로 갈 것이다.

행복하고 아름다운 삶을 원한다면 자신의 행복뿐 아니라 모두의 행복을 추구하라. 더 나은 것을 기도할 때에도 당신만이 아니라 모두를 위하는 길을 추구하라. 풍족하고 건강한 당신이 되기를 원할 때도 그것이 당신뿐만 아니라 모두에게 주어지기를 기도하라.

만약 60억의 인구가 당신의 행복을 위해 기도해준다면 어떤 일이 일어날지 상상이 되는가?

"만약 누군가의 마음이 순수해진다면,

그를 둘러싼 모든 것도 순수해지리라."

석가모니(기원전 563년경~기원전 483년경)

당신의 생각이 아무런 인지 없이 어떻게 떠오르는지 알고 싶다면, 지금 당장 눈을 감고 모든 것을 그만둔 채 10초 동안 아무 생각도 하지 말라.

만약 당신이 생각하는 것을 멈추기로 했는데도 생각이 밀려온다면, 생각에 대해 인지하지 못한 채 생각하게 된다는 것을 알 수 있다. 만약 당신의 마음이 10초 동안 멈추는 것도 하지 못한다면, 하루 동안 얼마나 많은 생각을 하고 있는지 상상이나 할 수 있겠는가?

당신은 마음을 제어해 10초간 생각을 멈출 수 있다. 그 방법은 오직 연습뿐이다. 연습을 통해 10초간 생각을 멈추는 방법을 터득하라. 차츰 15초, 30초, 좀 더 오랜 시간 동안 생각을 멈출 수 있을 뿐 아니라, 당신이 생각하지 않을지도 결정할 수 있다. 당신이 당신 마음의 진정한 주인이 될 때, 형언할 수 없는 평화가 다가온다. 그리고 당신은 끌어당김의 법칙의 마스터가 될 것이다. 그것을 상상해보라!

'돈에 대한 욕구'를 가지고 있다면 당신은 계속해서 그 돈에 대한 욕구를 드러낼 것이다. 당신은 돈 없이도 바로 '이 순간' 행복하고, '이 순간' 기분이 좋아지고, '이 순간' 기쁨이 될 방법을 찾아야한다. 왜냐하면 돈 없이도 행복과 기쁨을 느낄 수 있어야 돈이 생긴 후에도 그런 감정을 느낄 수 있기 때문이다.

돈은 행복을 가져다주지 않지만, 행복은 돈을 가져다준다.

만약 당신이 온실 속 화초처럼 살아왔다면, 삶을 바꾸려고 하는 강한 결단력과 열정을 품을 필요가 없었을 것이다. 얼핏 '부정적'으로 느껴지는 환경이 우리에게 일어나야 무엇인가를 변화시키려는 열정이 발산되는 것이다. 이러한 거대한 열정은 당신 안에서 자기장의 폭발처럼 일어나는, 매우 강렬한 것이다.

모든 것에 감사하라. 그러면 당신 안에 거대한 욕망의 불꽃이 일어날 것이다. 그 열정의 불꽃은 당신을 더 강하고 더 결단력 있게 만들 것이고, 그로 인해 당신은 삶을 변화시킬 수 있다.

어떤 단어든 특정 주파수를 가지고 있어서 당신이 그것을 말하는 순간 전 세계에 퍼진다. 끌어당김의 법칙은 모든 주파수에 반응하고, 당신이 말하는 단어에도 반응한다. 어떤 상황을 설명하기 위해 "끔찍해", "충격적이야", "불쾌해" 같은 강한 어조의 단어를 사용하면 끌어당김의 법칙에 의해 그 말이 다시 당신에게 되돌아온다.

이 법칙은 냉정해서 당신의 주파수와 완벽하게 일치한다. 당신이 원하는 것에 대해 강력한 단어를 사용하고, 원하지 않는 것에 대해서는 언급하지 말아야 한다는 것이 얼마나 중요한지 깨달았는가?

지금 당신이 원하는 것을 이미 갖고 있다고 느껴라. 그리고 그 느낌을 유지하라. 그것은 이 세상에서 느낄 수 있는 최고의 감동일 것이다. 당신이 이러한 감동을 느낄수록 그 느낌은 더욱 강해질 것이고, 당신이 원하는 것을 이미 가졌다고 느끼게 될 것이다. 계속된 노력으로 끌어당김의 법칙은 당신에게 보상을 줄 것이다.

이 법칙은 절대 실패한 적이 없고, 당신의 경우에도 마찬가지로 적용됨을 기억하라.

어린 시절, 상상 놀이를 할 적에 당신의 상상이 사실인 양 얼마나 푹 빠져 있었는지 기억하는가? 이것은 당신이 무엇인가를 원할 때 무엇을 해야 하는지를 알려준다. 아무도 모르게, 당신 안에서 당신이 원하는 것을 이미 갖고 있는 척해야 한다는 것이다. 예를 들어 당신이 많은 친구를 원한다면 이미 좋은 친구가 있다고 믿거나, 좋은 친구가 많은 척하는 것이다.

당신에게 좋은 친구가 없다고 생각하는 것보다 좋은 친구가 많다고 상상하는 것이 실제 당신이 좋은 친구를 사귀게 되는 데 결정적인 역할을 한다.

이 간단한 공식은 모든 것에 적용된다.

"사람은 바로 자신이 믿는 그 자체다."

안톤 체호프(1860년~1904년)

체호프(러시아 극작가)의 메모
The Notebook of Anton Chekhov

끌어당김의 법칙을 실현하는 데 뛰어난 사람이 되고 싶다면 우선 해야 할 일이 있다. 자신에게 가장 좋고 효과적인 것을 배우고 실행하며 기초를 닦아야 한다.

매일 삶에서 일어나는 일을 통해 당신이 무슨 생각을 하는지 확인할 수 있을 것이다. 삶은 영화처럼 어떤 방향으로 가고 있는지 당신에게 보여준다. 당신은 어둠 속으로 가지 않을 것이다. 당신은 모든 것에 대해 적당한 피드백을 받게 된다. 그런 피드백을 통해 또 한 번 배울 수 있다. 당신에게 다가오는 것이 무엇인지 관찰하고 당신이 무엇을 해야 하는지 잘 생각해보라.

자신을 알라. 그러면 당신은 끌어당김의 법칙의 대가가 될 것이다.

우리 존재의 본성은 기쁨을 느끼는 것이다. 부정적인 생각을 하고, 부정적인 말을 하고, 비참한 마음을 느끼는 순간 우리의 많은 에너지는 소모된다. 우리에게 편안한 방법은 좋은 생각을 하고, 좋은 말을 하고, 좋은 행동을 하는 것이다.

편안한 방법으로 행동하라.

수천 년 전 고대의 지혜는 우리에게 감사에 대한 진리를 말해준다. 모든 종교가 감사에 대해 이야기한다. 모든 현인과 구원자는 그들의 말씀에서 감사에 관해 설명한다. 우리의 위대한 선조는 감사를 느끼는 방법을 보여주고 그러한 예시는 우리 역사에서 재조명된다.

아인슈타인이 매일 수백 번씩 "감사합니다"라고 이야기한 것만 봐도 감사의 중요성을 확실히 알 수 있다.

거대한 복사 기계처럼, 끌어당김의 법칙은 당신의 생각과 느낌을 그대로 되돌려준다. 만약 원치 않는 일이 일어난다면, 그것은 당신이 무슨 생각을 하고 어떻게 느끼는지 잘 모르고 있기 때문이다. 불쾌한 감정을 느낄 때 당신이 그 감정을 인지하면 자신의 감정에 변화를 줄 수 있다. 그러면 당신은 어떻게 할 것인가? 좋은 감정을 느끼도록 생각도 바꿀 것이다.

좋은 것을 생각하지 못하고 나쁜 감정을 느낀다면 그것은 당신이 그렇게 생각하고 있다는 것을 기억하라.

당신의 신념을 누군가에게 전달할 때, 당신이 그들을 얼마나 믿는지에 따라 전달 효과가 달라진다. 만약 그들에 대한 믿음이 없다면 신념은 그저 단어일 뿐이지만, 믿음이 있다면 단어에 힘이 실린다.

당신의 신념을 당신이 믿는다면 그것이 무엇이든 간에 전혀 문제되지 않는다.

"당신이 사용하는 모든 단어에는 강력한 힘이 있어
결국 당신의 행동 양식에까지 영향을 준다. 예를 들어
당신이 기쁨을 느끼길 원한다면 '기쁨'이라는 단어를
은밀하고도 지속적으로 강조하여 반복하라.
이 '기쁨'이라는 단어의 반복은 당신이 기쁨으로
충만한 삶을 시작할 수 있도록 한다.
이것은 공상이 아니라 사실이다."

주느비에브 베런드(1881년~1960년)

『보이지 않는 힘 Your Invisible Power』

하루 중 언제든지 "나는 기쁘다"라고 말하라. 만약 괜찮다면 하루에도 수백 번 이야기하라. 자주 말하되, 천천히 각 단어에 힘을 주어 말하라. "나는 기쁘다"라고 말이다. 천천히 되뇌면서 당신이 할 수 있는 만큼 기쁨을 느끼라. 이렇게 매일매일 말하고 느끼라. 그렇다면 점점 더 기쁨을 잘 느낄 수 있다.

당신이 외적으로 표현하는 것보다 훨씬 더 크게 기쁨을 내적으로 느끼라. 그러면 당신의 외부 상황도 달라질 것이다.

기쁨은 기쁨을 끌어들인다.

당신이 알고 있는 모든 사람의 좋은 점을 적어보라. 당신의 좋은 점도 목록으로 만들라. 당신이 가는 곳마다 사람들을 칭찬하고, 당신이 보는 모든 것에 찬사를 보내라. 당신이 만나는 모든 사람의 삶을 더 밝고 즐겁게 만들어주는 햇살 같은 사람이 돼라. 그리고 매 순간 '감사'를 이야기하라. 걷고 말하고 생각하고 숨 쉬는 모든 것에 감사하고 또 감사하라.

당신이 이렇게 한다면 외부의 삶도 당신의 내면을 비출 수 있도록 바뀔 것이다.

끌어당김의 법칙은 결코 흔들림이 없다. 따라서 우리가 원치 않는 것을 요구하고 있다고 인지하지 못할 때라도 그들이 원하는 대로 끌어당겨진다. 이것은 분명코 이 법칙의 미학이며 우리 삶을 경험하는 순간마다 반응한다.

이 법칙은 절대로 바뀌지 않는다. 우리는 이 법칙과 조화롭게 살아가기 위해 어떻게 살아야 하는지를 반드시 배워야 한다. 이것이 바로 모든 사람을 위한 중요한 숙제다.

당신은 삶을 낙원으로 바꿀 수 있다. 삶을 낙원으로 만들 수 있는 유일한 방법은 당신의 내면을 낙원으로 바꾸는 것이다. 이 외에 다른 방법은 없다.

당신이 바로 그 원인이고 당신이 살아가는 그 삶이 바로 그 결과이기 때문이다.

다른 사람의 문제에 집중한다는 것은 당신이든 누구든 전혀 도움이 되지 못한다. 당신이 그 문제에 집중함으로써 문제 자체가 더크게 두드러지기 때문이다. 또한 당신에게도 그와 '비슷한' 문제가 다가오게 된다.

당신과 주변 사람들은 자신이 원하는 것에 집중해야 한다. 문제를 가지고 있는 사람들은 문제 자체에 관해 이야기하기보다 그들이무엇을 원하고 있는지를 말해야 한다. 이렇게 해야 부정적인 연쇄반응이 멈추게 된다. 그들이 원하는 것을 말하도록 격려하라. 이것이 올바른 문제 해결 방법이다.

부정적으로 생각하고 있다면, 그것은 당신이 한 것이 아니다. 당신은 아주 좋은 천성을 갖고 있다. 만약 갑자기 부정적인 생각이 떠오른다면 "이 생각은 내 것이 아니야. 내 안에 이런 부정적인 생각은 없어. 나는 아주 좋은 사람이고 나는 물론 모두를 위해서 좋은 생각만을 하고 있어"라고 자신에게 이야기하라.

지금 당신은 진실을 이야기하고 있다.

여기 부정적인 생각을 멈추는 방법이 있다. 마음이 이야기하는 것에 귀를 기울이라. 숨을 아주 깊게 쉬고, 마음에 집중하라. 마음이 들려주는 사랑의 감정에 진실하게 집중하면서 숨을 깊게 내쉬라. 이렇게 7번 반복하라.

당신이 이를 정확하게 따른다면, 몸과 마음이 크게 바뀌는 것을 느낄 것이다. 당신은 더욱 편안하고 가벼워졌다는 것을 느낄 것이고 부정적인 생각도 멈출 것이다.

"우리에게 생각이 없다면,
우리가 할 수 있는 것은 아무것도 없다."

르네 데카르트(1596년~1650년)

당신의 생각과 감정이 끌어당김의 법칙을 만들어낸다는 것을 기억하라. 당신은 그 둘을 분리해서 생각할 수 없다. 또한 감정이 전체 주파수에 영향을 미치고 있고 당신이 지금 이 순간을 만들고 있다는 것을 기억하라.

지금 당신의 상태는 어떠한가? 기분이 좋아졌는가? 그렇다면 더욱 기분이 좋아질 수 있도록 행동하라.

외출하기 전에 우주의 원리(되어가는 대로)를 따르면 큰 어려움 없이 여행할 수 있을 것이다. 그로 인해 당신은 편안하고 행복해질 뿐 아니라 정확한 시간에 가고자 하는 장소에 도착할 것이다.

즐거운 여행이 되길!

끌어당김의 법칙에는 정당한 교환의 법칙이 존재한다.

사회생활에서뿐 아니라 일상생활에서도 정당한 교환의 법칙이 있음을 알아두라. 사회생활에서는 당신이 받는 돈보다 더 높은 가치를 주라. 개인적인 삶에서는 당신이 받은 만큼 되돌려주라. 지원이 필요할 때, 도움을 준 모든 사람이 당신의 도움을 필요로 한다면 받은 만큼 되돌려주라. 모든 도움은 우주를 통해 당신에게 오는 것이고, 그 도움을 되돌려주는 것은 우주에 다시 돌려주는 것이다.

이것이 바로 공정한 교환의 법칙에 의한 삶이고 끌어당김의 법칙이다.

삶은 당신에게 달려 있다. 그러니 자신의 생각을 통제하는 방법을 배워야 한다. 두려움, 실패, 의심에서 비롯되는 모든 문제는 당신의 '마음'이 결정한 것이다. 당신의 마음이 지금까지 힘든 문제를 감내해왔고, 바로 당신 자신이 통제되지 않은 부정적인 생각의 피해자인 것이다. 그것을 극복하는 방법은 매우 간단하다. 당신 생각을 스스로 통제하는 것이다. 매 순간 자신의 생각에 귀를 기울이라.

만약 부정적인 생각이 들기 시작하면, 그것을 완곡히 거절하고 그 안에 좋은 생각을 채우려고 노력하라. 더욱더 좋은 생각을 하려고 노력하면 저절로 좋은 생각을 더 많이 하게 될 것이다.

마음의 평정을 유지하기 위해, 매일 앉아서 눈을 감고 당신의 생각에 귀를 기울이라. 생각에 저항하지 말고 마음에 자연스럽게 스며들도록 지켜보라. 모든 생각에 귀를 기울이면 그것은 곧 사그라질 것이다. 매일 이것을 연습하면 당신은 더욱 편안해질 것이다. 잡념이 없는 평온한 상태를 5초간 유지할 수 있게 된다. 그 시간은 점점 늘어날 것이다.

당신의 마음이 평온한 상태가 되길 원한다면, 그 바람대로 평온해질 것이다. 당신이 바람대로 이루어지도록 하는 강력한 힘을 상상하라.

감정은 당신의 생각을 당신에게 표현한다는 사실을 항상 기억하라. 감정은 당신이 생각하는 것이 당신에게 좋은지 아닌지 알려준다. 만약 당신이 자기 감정을 더욱더 의식하게 되면 자신의 생각에 대해 더욱더 잘 알게 될 것이다. 감정은 당신에게 끊임없이 보내는 메시지다.

자신에게 귀를 기울이라.

"모든 것은 내면에 기원을 두고 있어서, 당신이 외부에서 무언가를 찾는다는 것은 이미 갖고 있다는 것을 의미한다. 미래에 대해 생각할 수 있는 사람은 아무도 없다. 무언가에 대한 생각은 당신의 내면을 포함하고 있다."

주느비에브 베런드(1881년~1960년)

『보이지 않는 힘 *Your Invisible Power*』

혼자라고 생각하지 않는 한, 당신은 절대 혼자가 아니다. 당신의 모든 생각에 반응하고 무엇을 성취하려는 데 도울 준비가 된 우주의 힘을 소유하게 된다면 모든 두려움은 사라질 것이다.

당신은 어디서나 접근 가능한 위대한 협력자를 얻었다. 믿음이 강하다면 당신의 앞을 가로막는 것은 그 무엇도 없다.

당신이 알고 있듯이 우리의 본성은 기쁨이다. 그 반대의 상황일 때(기쁨의 반대), 우리는 불쾌함을 느끼기 때문이다. 본성이 기쁨이기 때문에 기쁨을 느낄 때보다 부정적인 생각을 할 때 더 많은 에너지가 소모된다는 것을 당신은 알 수 있을 것이다.

당신에게 도움이 되도록 끌어당김의 법칙을 사용하려면 아주 쉬운 이 방법을 참고하라.

매일 밤 자기 전에, 그날의 좋았던 순간을 마음속으로 회상하고, 그 순간에 대하여 진정성을 담은 감사를 표하라. 다음 날에도 그렇게 생각하라. 세상이 놀랄 만하고 즐거움과 사랑으로 가득하다고 생각하면, 좋은 일들이 당신에게 일어날 것이다. 삶에서 최고의 날이 될 것이다. 아침에 잠에서 깨어 일어나기 전에, 원하는 것을 다시 한번 외치고 당신이 갖고 있는 모든 것에 대해 깊이 감사하라.

'만약'이라는 단어는 강한 의심의 주파수를 가지고 있다. 원하는 것을 상상할 때, '만약'이라는 단어를 제거해야 한다. '만약'이라는 단어를 사용한다는 것은 당신이 하려는 것을 믿지 못한다는 의미인데, 과연 당신이 원하는 대로 되겠는가?

끌어당김의 법칙은 '만약'이라는 단어로 의심을 품는 당신을 도와주지 않을 것이다. 당신이 이루고자 하는 바를 생각하거나 말할 때 '~할 때'라는 단어를 사용하라. 예를 들면 '그 일이 이루어질 때', '내가 그것을 할 때', '내가 그곳에 있을 때', '내가 원하는 것을 가지게 될 때' 같은 말을 사용하라. 할 때, 할 때, 할 때!

알고 있든 모르고 있든 상관없이, 지금 이 순간에도 당신은 우주로부터 내일을 주문하고 있다. 오늘 당신의 생각과 감정은 내일을 자동으로 결정하는 기운을 창조한다.

남은 날을 위해 좋은 생각을 하고, 내일을 아름답게 만들라.

끌어당김의 법칙은 당신의 삶에 행복을 끌고 와서 지금 이 순간 행복하라고 말한다. 행복은 행복을 끌어당긴다. 이것은 아주 단순한 공식이다. 그러나 많은 사람들이 자신들이 왜 행복할 수 없는지에 대한 많은 변명만 늘어놓는다. 의심, 건강, 인간관계 등 다양한 일에 대해 변명만 할 뿐, 이런 단순한 공식을 사용하지 못한다. 그러나 그 공식은 '법칙'이다.

변명은 필요없다. 행복을 느끼지 않는다면 당신은 행복을 끌어당길 수 없다. 끌어당김의 법칙은 당신에게 "지금 행복하세요, 그리고 가능한 한 계속 행복한 기운을 느낀다면 나는 당신에게 영원한 행복을 가져다줄게요"라고 말하고 있다.

"인간은 우리가 '우주'라고 부르는 한정된 시공간의
일부분일 뿐이다. 인간은 자신의 생각과 감정이 자기 의식 속의
시각적 망상과는 분리된 무엇이라는 것을 알게 될 것이다.
이러한 망상은 우리의 개인적인 열정과 우리 주변의 사람들에게
쏟는 애정을 제한한다. 우리의 임무는 자연 그대로의 아름다움을
인정할 수 있도록 시야를 확장함으로써 우리 자신을
이러한 감옥에서 벗어나게 하는 것이다.
아무나 가능한 일은 아니다. 내부에서 스스로 해방할 수 있도록
고군분투해야 성공할 수 있다."

알베르트 아인슈타인(1879년~1955년)

1900년대에 프랑스의 심리학자이자 약사였던 에밀 쿠에(Emile Coue)는 긍정적인 생각을 치료에 활용한 첫 연구자였다. 그의 성공적인 치료방법은 환자들에게 매일 의식적으로 자기 암시를 하도록 한 것이다. "매일 나는 점점 더 나아지고 있다." 이것은 건강에만 적용되지 않는다. 이 말에서 볼 수 있듯이 우리 삶의 전반에 강력하게 작용한다.

우리가 이러한 말을 사용할수록 단어의 의미를 확신하게 된다. 우리가 그 단어에 강력한 힘을 심어주었기 때문이다.

원하는 것을 우주에 이메일로 보낸다고 상상하라. 이메일 내용이 매우 명확하여 당신이 만족을 느끼면 '전송'이라는 버튼을 누를 것이고, 요청은 하늘로 향할 것이다. 당신은 우주 서버가 자동시스템이고 이메일로 응답하지 않는다는 것도 안다. 우주 서버가 하는 일은 단순히 모든 요청을 시행하는 일이다.

만약 당신이 원하는 것을 이루지 못할 것이라는 걱정과 스트레스를 갖는다면 당신은 요청을 멈추기 위한 또 다른 이메일을 우주로 보내는 것과 같다. 그리고 요청에 응답이 없는 것을 궁금하게 여길 것이다.

우주 서버는 결코 실패하지 않는 시스템이고 요청이 수락되었으리라 기대하라.

여기 끌어당김의 법칙 중 가장 힘 있는 사용법은 30일간 베풂을 실행하는 것이다.

30일 동안 매일 주변의 모든 것에 베풂을 실행하라. 가족이나 친구들은 물론 처음 보는 사람들에게도 즐거움, 미소, 따뜻한 말, 사랑, 감사, 칭찬을 해주라. 가슴으로 진정성을 담아 최선을 다해 실행하라. 임무는 친절한 생각과 말로 주변 사람들에게 더 나은 하루를 선사하는 것이다.

할 수 있는 한 최선을 다해 베푼다면, 당신은 그것들이 재빨리 당신에게 되돌아온다는 사실에 깜짝 놀랄 것이다.

끌어당김의 법칙을 알게 되는 순간, 당신이 말하는 바에 스스로 귀를 기울이는 자신을 발견하게 될 것이다.

어떠한 사실을 이야기할 때, 당신은 그것을 믿을 뿐만 아니라 그 믿음이 삶에서 사실로 창조된다는 것을 알게 된다. 만약 원치 않는 것을 이야기한다는 것을 알아차렸다면, 즉시 당신이 원하는 것을 말하라. 당신의 말에 귀를 기울일 때, 과거 경험에 대해 다시 한번 생각하게 될 것이다. 당신의 말을 잘 살펴보고 그것들을 바꾸어본 다면 미래에도 변화를 줄 수 있다.

실망과 같은 부정적인 느낌은 당신의 소원이 이루어지지 않게 한다. 실망을 긍정적인 느낌으로 바꾸려면 "나의 소원이 이루어지면, 나는 ~을 할 거야"라고 생각하고 말하면서 자신을 채우라.

이것은 당신이 원하고 믿는 모습으로 자신을 바꾸는 최고의 방법이다.

"나는 나 자신에게 약속한다."

아무도 내 마음의 평화를 방해할 수 없도록 강해지리라.

내가 만나는 모든 사람에게 건강, 행복, 번영을 주는 말을 하리라.

나의 모든 친구가 가치 있는 생각만 할 수 있도록 하리라.

모든 것의 긍정적인 면을 보도록 하고
내 긍정이 현실이 되도록 하리라.

최고만을 생각하고 내 일에 최선을 다하고,
또 최고가 되도록 기대하리라.

나에게 그러하듯, 다른 사람들의 행복에도 열광적이 되리라.

지난날의 실수를 잊고 미래의 더 큰 성취를 위해 나아가리라.

항상 밝은 표정으로 내가 만나는 모든 것을
밝은 미소로 대하리라.

다른 사람을 비판하기보다 나 자신의 발전을 위해
더 많은 시간을 투자하리라.

걱정 앞에서 담대해지고, 분노 앞에서 고귀해지며,
두려움 앞에서 강해지고, 눈앞의 문제 앞에서 행복해지리라.

나 자신을 잘 생각해보고, 사실을 큰 소리가 아닌,
진정성 있게 이야기하리라.

진실한 삶을 살기 위해 나 자신에게 최선을 다해 진실한 삶이
내 편이 되게 하리라.

크리스찬 D. 라르슨(1874년~1962년)

『낙관론자의 신조 *The Optimist's Creed*』

생각에 강한 압력을 가하지 않는 한, 삶은 절대 외부의 힘에 의해 좌우되지 않는다. 가장 강력한 힘은 바로 당신 안에 있다.

당신의 삶에 그 강력한 힘을 사용하라. 그보다 강한 힘은 이 세상 어디에도 없다.

돈을 벌려고 할 때, 돈에 어떻게 관심을 가질 것인가? 당신이 그 돈으로 좋은 상상을 할 수 있게 자신에게 마술을 걸라. 좋은 상상으로 마음을 바쁘게 하여 부정적인 생각을 할 여유가 없도록 만들라.

당신은 매우 창조적인 존재이므로 매우 부유하게 만들어줄 가장 좋은 방법을 발견할 수 있을 것이다.

매일 혹은 적어도 한 주에 1~2번은 단 몇 분이라도 즐거운 마음으로 자신에게 관심을 가지라. 당신이 즐겁다는 것을 느끼라. 당신의 삶에 오직 즐거움만 있다고 상상하고 당신 스스로 그 즐거움을 누리라. 당신이 그렇게 할 때, 우주의 힘은 모든 사람과 주위 환경 그리고 사건이 당신에게 즐거움을 가져다주도록 작용할 것이다. 만약 돈 걱정, 건강 걱정, 친구나 가족들과의 관계를 걱정한다면 그런 즐거움을 느낄 수 없다. 당신이 할 수 있는 만큼 즐거움을 우주의 힘에 저축하라. 그보다 더 가치 있는 투자는 없다.

그러면 즐거움은 당신과 함께할 것이다.

가장 위대한 에너지는 사랑이고 사랑의 힘에는 한계가 없다. 당신은 하루에 얼마나 많은 사람에게 사랑을 주고 있는가? 우리는 매일 주변의 모든 사람들과 모든 것에 무한정의 사랑을 줄 기회를 가지고 있다.

사랑은 사람들에게 인정을 베풀고, 칭찬해주고, 감사하고, 좋은 말을 해주는 것이다.

우리는 우리가 주고받은 사랑의 양보다 훨씬 더 많은 사랑을 갖고 있다.

우주의 진리는 모든 면에서 좋은 것을 가지고 있다. 하지만 우리는 종종 어려운 상황에 봉착하게 되면 큰 그림은커녕 좋은 것도 보지 못한다. 심지어 우리가 '최악'이라고 부르는 상황의 이면에도 좋은 것이 존재한다. 새로운 관점으로 상황을 바라보고 좋은 면을 찾아보라. 만약 당신이 그런 좋은 면을 찾으려 한다면 분명히 좋은 점을 발견하게 될 것이고, 어려운 상황은 사라질 것이다. 그리고 당신에게 좋은 일이 점점 더 많이 일어날 것이다.

누군가와 안 좋은 상황이라면 매일 몇 분이라도 그 사람을 사랑하도록 하고 그와의 부정적인 상황은 우주에 맡겨두라. 그렇게 함으로써 그 사람에 대한 분노나 실망 같은 부정적인 것을 제거할 수 있다.

분노, 실망 같은 부정적인 감정은 다시 당신에게 돌아온다는 사실을 기억하라. 사랑의 감정은 사랑으로 당신에게 돌아오게 되어 있다. 다른 사람들에게 느끼는 감정 그 자체 모두가 당신에게 되돌아온다는 것을 기억하라.

"당신에게 일어난 일 그 자체가 문제가 아니라,
그 일에 어떻게 반응하느냐가 문제다."

에픽테토스(55년경~135년경)

우주가 당신으로 하여금 무언가를 창조하게 만드는 것은 어렵지 않다. 당신은 원하는 모든 것을 창조해낼 수 있고, 당신이 해야만 하는 모든 것은 끌어당김의 법칙에 의해 조화롭게 이루어질 수 있다. 당신이 원하는 것의 틀을 제공하면 우주가 그 틀을 채워준다.

당신이 그 틀을 창조하는 것은 쉬운 일이다!

플라톤은 "네 자신을 알라"고 말했다. 이보다 더 중요한 말은 없다. 무슨 행동을 하고, 무슨 말을 하고, 어떻게 느끼고, 무엇을 생각하는지 당신은 알아야 한다. 그러면 당신 자신을 조화롭게 끌어당김의 법칙으로 끌어당겨줄 것이다.

"네 자신을 알라."

삶에 대해 불평한다면 당신이 원하는 것을 끌어들일 수 없다.

당신의 생각과 언어만 취하라. 그러면 먼저 좋은 느낌을 갖게 될 것이고, 두 번째로 더욱 좋은 기운을 받는 위치에 있게 될 것이다.

원하는 집이 있거나 좋은 일자리가 있는데 그것을 가지지 못했다면 우주는 그 꿈이 당신에게 걸맞지 않는다고 이야기해줄 것이다. 오히려 당신은 그보다 '더 좋고' 더 가치 있는 사람이라고 말해줄 것이다.

흥분할 준비가 되었는가? 더 좋은 것이 지금 당신에게 다가오고 있다.

당신은 부정적인 것을 긍정적인 것으로 바꾸는 힘을 갖고 있다. 그러나 변화에 저항함으로써 부정적인 것을 긍정적인 것으로 바꾸지는 못한다. 변화에 저항함으로써 부정적인 길을 선택한 것이다. 부정적인 것에 초점을 맞추면 더 부정적인 상황, 더한 고통, 더한 비참함을 끌고 오게 된다.

부정적인 것을 긍정적인 것으로 바꾸려면 먼저 주변에서 긍정적인 면을 찾아야 한다. 순간마다 좋은 상황이 있다. 좋은 점을 찾을수록 끌어당김의 법칙이 당신에게 나타날 것이다. 이러한 변화는 한없이 좋은 상황을 가져다줄 것이고 당신이 명령한 대로 당신의 가슴이 인지하고 믿게 될 것이다. 이것이 긍정적인 길을 선택해야 하는 이유다.

끌어당김의 법칙은 세상에서 가장 멋진 법칙이다. 끌어당김의 법칙은 불변이며 사람들이 원하는 모든 것을 이루게 해준다. 당신 또한 예외가 아니며 당신이 원하는 방식대로 이 법칙을 사용할 수 있다.

이 법칙은 절대 실패하지 않는다. 우리는 단지 이를 어떻게 정확하게 사용할지 배우기만 하면 된다.

"우리 자신은 우리가 생각하는 바로 그 모습이다.

이 모습은 생각으로 인해 발생한다.

생각으로 우리는 우리의 세상을 만든다."

석가모니 (기원전 563년경~기원전 483년경)

진심으로 느끼지 못하는 감사는 단지 '말'에 불과하다. 당신이 감사의 힘을 진실로 이용하기 위해서는 마음속 깊이 그 감사를 느낄 수 있을 때까지 연습해야 한다.

그것이 바로 '감사'의 강력한 힘이다.

믿는 것은 꼭 이루어진다. 오직 '믿는 것'만이 이루어지기 때문에
당신이 원하는 것은 이루어질 수 있다고 믿어야 한다.

어떠한 일을 두려워한다면, 끌어당김의 법칙은 당신에게 끊임없는 두려움을 가져다줄 것이다. 당신이 원치 않는 일에 쏟는 감정은 강력한 힘을 갖고 있다. 당신이 원치 않는 결과를 두려워할 때, 당신이 진정으로 원하는 바를 이루기란 불가능하다.

일어나지 않았으면 하는 일이 발생할까 봐 두려워하지 말고, 당신이 원하는 것에 더 강력한 에너지를 사용하라.

당신이 생각하고 느끼는 것이 무엇이든 간에, 새로운 것을 창조하는 일에 힘을 쏟으라.

무엇이 부정적인 생각인가? 좋은 생각이 없는 상태다.

무엇이 부정적인 감정인가? 좋은 생각이 없는 상태다!

어떤 것에 감사를 느끼는 것, 감탄하는 것 그리고 애착을 느끼는 것에는 차이가 있다. 애착은 약간의 두려움(잃어버릴 것에 대한 두려움이거나 애착을 느끼는 것을 갖지 못할 것에 대한 두려움)을 가지고 있지만 감사와 감탄은 순수한 사랑의 표현이다. 당신이 원하는 무엇인가가 있다면, 애착은 멀리 던져버리고 감사한 마음과 감탄만 가지라. 만약 당신이 원하는 무엇인가를 얻지 못할까 봐, 또는 당신이 가진 무엇인가를 잃을까 봐 두려워한다면 그때 애착의 감정이 일어난다.

애착을 없애기 위해서는 당신이 느끼는 두려움이 사라질 때까지 스스로 감사하고 감탄하라.

원하는 것이 다가오는지 확인하는 방법이 있다. 원하는 상황이 다가오면 긴장되고 더 간절히 바라는 것을 느끼는가 아니면 약간의 스트레스를 느끼는가? 당신의 몸에 물어보라. 이완되고 편안한 상태인가 아니면 긴장된 상태인가? 만약 긴장된 상태라면 당신은 잘못된 길 위에 있는 것이고 그러한 느낌은 열정을 사라지게 할 것이다. 원하는 것이 언제, 어디서, 어떻게 오든 걱정 없이 차분하고 편안하게 느끼라.

열정을 생각하는 순간마다 몸을 천천히 긴장된 상태에서 벗어나 편안한 상태를 유지하게 하라.

"당신 주변에는 여전히 아름다운 것이 있고
당신은 행복해질 것이라고 생각하라."

안네 프랑크(1929년~1945년)

『안네의 일기 *Diary of a Young Girl*』

삶에서 어떤 것이 변화할 때, 우리는 종종 변화를 거부한다. 그러나 만약 당신이 우주와 삶과 창조의 원리를 이해한다면 삶이란 멈춰 있을 수 없고 늘 변화한다는 것을 알게 된다. 모든 것은 에너지가 있고, 에너지는 움직임과 변화를 반복한다. 만약 에너지가 그 자리에 멈춰 있다면 당신도 사라지고 더는 아무런 생명도 존재하지 않는다.

변화는 항상 당신과 모든 사람에게 이로운 방향으로 일어난다. 이것이 삶의 진화다.

감사를 느끼는 모든 것을 적어보면, 당신은 더욱 감사하게 되고, 놀라움의 나날은 계속될 것이다. 기운은 더욱 강해져 살아 있음에 기쁨을 느낄 것이며 가는 곳마다 즐거움을 전할 것이다. 또한 만나는 사람들마다 긍정적인 기운을 주게 될 것이다.

만약 그러한 삶을 산다면 원하는 모든 것은 당신이 요청하기 전에 올 것이다.

부정적인 생각과 감정은 당신의 관심을 필요로 할 뿐만 아니라 계속 유지하려는 습성도 있다. 부정적인 생각과 감정은 당신의 관심이 없으면 사그라진다. 만약 부정적인 생각과 감정을 무시하고, 아무 관심도 기울이지 않으면 그것들은 곧 당신의 뇌리에서 사라질 것이다.

大부분의 사람들은 사소한 것을 너무나 빨리 감지한다. 왜냐하면 사람들은 사소한 것에 어떠한 저항이나 부정도 하지 않기 때문이다. 그러나 사소한 것이 점점 커지면 사람들은 그것이 커졌다는 것을 부정하거나 의심하거나 걱정한다. 이것이 그 무언가를 정확히 이해하는 데 시간이 걸리는 이유다.

우주에는 작은 것도 큰 것도 없다.

창조의 과정은 당신이 이루고자 하는 바를 당신 자신과 조화롭게 만들어가는 것이다. 결코 끌어당김의 법칙을 말하는 것이 아니다. 어느 날 당신이 좋은 생각을 하면 그다음 날은 좋은 생각이 떠오르지 않을 수 있다. 그러나 그다음 날에 좋은 생각을 할 수도 있다.

당신은 의심이 없는 영원한 믿음을 배워야 한다. 계속 훈련하면 점점 더 잘할 수 있을 것이다.

"사람들이 원하는 것을 얻지 못하는 이유는 자신이 원하는 것을
명확하게 알지 못하거나, 원하는 것을 매일 바꾸기 때문이다."

"당신이 원하는 것을 알고 그것을 계속 갈망하라.
그것을 계속 열망하고, 언젠가 얻을 수 있으리라는
믿음만 가지고 있다면 당신이 원하는 것을 얻을 것이다.
열정의 힘이 믿음과 결합하면 그 힘은 아무도 꺾을 수 없다."

크리스찬 D. 라르슨(1874년~1962년)

『당신의 능력, 어떻게 사용할 것인가
Your Forces and How to Use Them』

두 부류의 사람이 있다.

한 부류는 "나는 내 눈으로 본 것만 믿는다"라고 말한다.

또 다른 부류는 "어떤 것을 보기 위해서는 내가 그것을 믿어야 한다는 것을 안다"라고 한다.

영감에 따른 행동과 활동의 큰 차이를 인지하라. 활동은 머리와 마음에서 나오고 불신과 믿음의 부족에 기인한다. 하지만 행동은 당신이 바라는 일이 일어나게 '만드는' 움직임이다. 영감에 따른 행동은 당신을 끌어당김의 법칙에 이르게 한다.

활동은 힘든 듯하지만, 영감에 따른 행동은 근사한 것이다.

당신 배의 선장은 누구인가? 만약 누구도 배를 조종하지 않는다면 배는 바다에서 고군분투하다가 암초에 부딪치게 될 것이다. 당신의 몸은 배, 당신의 마음은 엔진 그리고 당신은 배의 선장이라 생각하라.

당신의 배를 책임지라. 그러면 배의 엔진은 당신이 원하는 종착지로 가도록 조종하는 힘을 얻을 것이다.

당신은 틀림없이 생각을 통해 다른 사람을 도울 수 있고, 그들도 당신을 도울 수 있다. 당신이 다른 사람에게 주는 모든 좋은 생각은 삶의 활력이 된다. 그러나 이것은 당신과 같은 생각을 상대가 했을 때 가능하다. 만약 상대방이 원하지 않고 당신의 생각과 같지 않으면 그들에게 활력을 줄 수 없다.

당신은 그들의 바람과 반대되는 상황을 그들 삶 속에 창조해줄 수는 없다. 하지만 그들이 진정으로 원한다면 당신의 생각은 강한 힘을 발휘해 그들을 도울 것이다.

아름다운 감사의 마음이 가득하면, 당신은 베풀기를 원하는 사람이 될 것이다. 이것을 당신의 삶으로 받아들이면 당신은 감사하게 될 것이고, 당신은 하루에 베풀 기회가 많지 않다고 느낄 것이다. 당신은 항상 기쁨, 사랑, 물질, 감사, 칭찬, 친절을 베풀 것이다. 당신은 직장에서, 인간관계 그리고 낯선 사람에게까지 최선을 다해 베풀 것이다.

당신은 진정한 감사의 순간을 알게 될 것이다. 왜냐하면 '베푸는 자'가 될 테니 말이다. 참된 감사를 아는 사람은 결코 다른 곳에 에너지를 쏟지 않는다.

사람들이 '시크릿'을 처음 사용할 때, 부정적인 생각을 두려워할 지도 모른다. 이 두려움 때문에, 그들이 좋은 생각을 할 때마다 즉시 반대되는 생각이 마음속에 자리 잡는다. 이러한 상황은 이상한 일이 아니다. 그러나 이 단계가 빨리, 아주 빨리 지나가리라는 것을 당신이 알았으면 한다. 그리고 이 단계가 빨리 사라지게 만드는 가장 쉬운 방법은 그 어떠한 부정적인 생각에도 관심을 두지 않는 것이다. 부정적인 생각은 무시하고 좋은 생각만 하라. 부정적인 생각이 찾아오면, 전혀 상관없는 양 떨쳐내버리라. 그리고 긍정적인 생각으로 대체하라.

돈을 끌어당기고 싶으면 그 돈으로 하고 싶은 것들을 이루었다고 생각하라. 그러면 더 강력한 힘을 얻을 수 있다. 만약 당신에게 돈이 부족하다면 돈에 대한 감정과 신념은 긍정적이지 않을 수 있다. 하지만 무언가를 살 수 있는 돈을 가지고 있다고 생각하면 기분이 무척 좋아질 것이다. 당신은 감정을 해석하는 것과 당신을 기쁘게 하는 생각을 선택하는 것을 배워야 한다.

기분 좋은 생각이 당신의 힘을 창조한다.

"만약 당신이 외부적인 어떤 것 때문에 괴로워한다면,
그 고통은 외부적인 요인으로 인한 것이 아니라
그에 대한 당신의 판단 때문이다. 그리고 당신은 이를
언제든지 제거할 능력이 있다."

마르쿠스 아우렐리우스(121년~180년)

순수한 감사는 베풂이다. 진심 어린 감사를 할 때, 당신은 주변 사람들에게 강력한 주파수를 내뿜는다. 당신이 뿜어내는 주파수는 순수하지만 매우 강력하여 당신과 관계 맺게 되는 많은 사람들에게 강력한 영향력을 끼칠 것이다. 당신이 주변 사람들에게 준 효과가 어디에서 발산되는지는 알 수 없다. 한 사람이 다른 사람에게 전달하는 파급효과는 끝이 없기 때문이다.

베풂은 혜택의 기회를 만들어준다. 당신에게는 매일 베풀 수 있는 수많은 기회가 있다.

친절한 말, 미소, 감사 그리고 사랑을 건네라. 칭찬을 건네라. 운전할 때에도 다른 운전자에게 예의를 갖추라. 주차요원에게도 미소를 건네라. 신문 파는 사람 또는 커피를 만들어주는 사람에게도 따뜻한 인사를 건네라. 당신은 처음 본 사람을 엘리베이터까지 안내해줄 수 있고, 버튼도 대신 눌러줄 수 있다. 만약 누군가가 무엇을 놓고 갔다면 그것을 찾아줄 수 있다. 당신은 사랑하는 사람들을 따뜻하게 안아줄 수 있다. 그리고 모두에게 감사와 격려를 전해줄 수 있다.

사랑을 주고 또 받을 기회는 참으로 많다.

感사한 마음이 가장 높은 경지에 도달하면, 당신의 모든 생각, 당신이 말하는 모든 단어, 당신의 모든 행동은 순수한 선량에서 발휘되는 것이다.

당신은 주파수가 방출하는 전자기적 존재다. 단지 그것은(주파수) 당신의 경험과 일치한다. 당신 삶 속의 모든 사람, 모든 사건, 모든 환경은 당신이 어느 위치의 주파수에 있는지를 알려준다.

만약 당신의 삶이 좋은 방향으로 가지 않는다면, 의도적으로라도 주파수를 바꾸라. 만약 당신의 삶이 순조롭다면 하던 대로 계속하라.

때로는 한 번에 한 가지 일만 집중하는 것이 좋을 때가 있다. 그러면 모든 에너지를 한 가지 일에 쏟을 수 있다. 당신이 집중해야 하는 일을 목록으로 작성하면, 무언가 덤으로 얻은 느낌이 들 것이다. 당신이 평소에 관심을 두지 않았던 것을 발견할 테니 말이다. 왜냐하면 당신의 무심함은 우주를 유능한 배달부로 만들어주기 때문이다.

당신에게 오는 저항을 차단하라. 당신은 원하는 것에 대한 걱정이나 불안한 감정 때문에 저항을 만들어낸다. 이러한 긴장감은 저항과 전달 차단을 일으킨다.

만약 당신이 원하는 것을 생각할 때 긴장한다면 휴식이 필요하다는 신호다. 휴식을 취하라. 마음은 몸이 시키는 대로 물처럼 유연한 상태로 두어야 한다. 긴장감이 들 때에는, 다시 긴장이 풀어질 때까지 몸을 쉬게 해야 한다.

"인간은 오직 생각의 산물일 뿐이다.
생각하는 대로 될지어다."

마하트마 간디(1869년~1948년)

당신은 자신이 만들어낸 이야기로 자신을 제한할 수 있다. 어떻게 우리 자신에게 한계를 만들어내는지 간단한 예는 다음과 같다.

'나는 수학을 잘 못해. 나는 춤을 못 춰. 나는 글 쓰는 데 재주가 없어. 나는 고집이 세. 나는 잠을 잘 못 자. 나는 기분 변화가 심해. 나는 영어를 잘 못해. 난 항상 늦어. 나는 운전을 잘 못해. 나는 다이어트로 고심하고 있어. 나는 안경 없이는 아무것도 안 보여. 나는 친구를 사귀는 게 힘들어. 돈은 마치 나를 피해가는 것 같아.'

이 순간 당신은 어떤 말을 하고 있는지 깨달았을 것이다. 이것을 제거하고 당신의 이야기를 다시 작성해보라.

당신에 대해 설명하면 다음과 같다.

나는 완전하다.

나는 완벽하다.

나는 강하다.

나는 매우 영향력 있다.

나는 사랑스럽다.

나는 조화롭다.

나는 행복하다.

모든 것을 갖추지 않았나?

당신은 삶이 참으로 아름답다는 것을 점점 깨닫게 될 것이다. 삶을 편하게 해준 모든 사람의 업적과 발명에 대해서도 감사하게 될 것이다. 오늘 아침에 샤워했는가? 전기를 사용했는가? 직장에 어떻게 도착했는가? 차, 기차, 버스 또는 걸어서? 커피를 사거나 라디오를 듣거나 휴대폰으로 전화하거나, 엘리베이터를 탔는가? 당신은 매일 아주 많은 발명품을 사용한다. 당신은 그것을 당연하다고 여기는가 아니면 감사하며 사용하는가?

우리는 정말 축복 받았다. 진정으로.

시각화 기술을 훈련하는 데 가장 좋은 방법은 자신의 삶을 돌이켜보는 것이다. 삶에서 아주 멋진 장면이나 순간을 선택해 연상해보라. 떠오르는 장소, 사람들, 배경음악, 대화 그리고 그 외 세부적인 모든 것을 그림으로 시각화해보라.

이것은 시각화 기술을 향상시키는 매우 강력한 방법이고, 동시에 삶 속에 더 멋진 장면을 끌어들일 수 있다.

우주는 모든 산물의 공급자로서 최고의 능력을 가지고 있다. 또한, 끌어당김의 법칙은 모든 산물의 분배자로서의 능력을 가지고 있다. 당신은 지구 상에서 창조의 중심에 서 있다. 당신이 끌어당김의 법칙을 사용함으로써 우주는 창조를 우리의 세계에 가져다 줄 수 있다.

얼마나 아름다운 시스템인가!

오늘이 당신의 삶에서 최고의 날이다!

"아는 만큼 보인다."

괴테(1749년~1832년)

느낌을 계속 관찰하라. 당신은 긴장하기보다 강물처럼 여유롭기를 원할 것이다. 당신은 느낌이 편안한 상태인지 혹은 긴장 상태인지 알 수 있다.

긴장에서 벗어나는 한 가지 방법은 사람들에게 최선을 다해 베풀겠다고 결심하는 것이다. 당신이 최선을 다할 때, 당신을 통해 우주의 흐름이 시작된다. 이 얼마나 기분이 좋은가!

몸과 마음의 균형을 맞추며 사는 것은 더없이 행복한 삶이다. 몸과 마음이 균형을 이룰 때, 몸은 완벽하게 조화로울 것이다. 인생 또한 그럴 것이다.

친절한 생각을 하라. 친절한 말을 하라. 친절한 행동을 하라. 생각, 언어, 행동을 친절한 상태로 만들라. 친절에는 여러 단계가 있다. '사악'하다는 말은 친절의 부재를 의미한다. 악의 근원은 없다. 단지 친절이 없을 뿐이다.

하나의 힘만 존재한다. 그리고 이것은 모두 긍정적이고 좋은 것으로 이루어져 있다.

강한 의지를 사용하라. 그리고 삶을 변화시킬 수 있는 일만 하라. 매일 '시크릿'을 실행하라. 강한 의지를 사용하고, 삶에 '시크릿'을 적용하라. 이익을 위해 모든 자연의 법칙을 사용하라. 예외 없이 매일 실행하도록 훈련하라.

당신은 자신의 의지를 강하게 할 수 있는 유일한 사람이다. 변화를 위한 의지가 얼마나 집중력을 발휘하는지 정확한 비율을 알 수 있을 것이다.

우리는 과학을 통해 에너지가 결코 창조되거나 파괴되지 않는다는 것을 확실히 안다. 단지 형태만 바뀔 뿐이다. 우리는 에너지에 의해 만들어졌다. 그러므로 우리 역시 창조되거나 파괴될 수 없다. 단지 형태만 바뀔 뿐이다.

많은 인간은 죽음에 대한 공포를 느끼고 있으나 영원한 삶은 그저 외형만 바뀔 뿐이다.

역사상 증오가 인간에게 기쁨을 준 사례는 단 한 번도 없었다. 증오는 그것을 품은 사람들의 마음과 몸을 파괴시킨다. 만약 사람들이 모든 증오, 공포, 억울함으로부터 자유로웠다면, 독재자는 결코 나타나지 않았을 것이며 우리는 지구에서 늘 평화를 누렸을 것이다.

우리 개개인의 평화만이 지구의 평화를 가져올 수 있다.

"긍정적인 생각은 자신이 조화로울 때 나타나며,
부정적인 생각은 조화롭지 못할 때 나타난다. 그러므로 그 힘의
많은 부분을 잃어버린다. 긍정적인 생각을 할 때 정신 체계
(멘탈시스템)의 움직임은 조화롭게 작동하고, 계획대로
온전히 진행된다. 하지만 부정적인 생각을 할 때, 정신 체계는
산만하게 움직이고 휴식을 취하지 못하며 불안해하고
여기저기 움직이며 때로운 지시를 따르나
거의 그렇지 않은 모습을 보인다. 어느 한쪽이 성공하면
또 다른 한쪽은 실패하게 되어 있다."

크리스찬 D. 라르슨(1874년~1962년)

『당신의 능력, 어떻게 사용할 것인가
Your Forces and How to Use Them』

끌어당김의 법칙에는 과거와 미래가 없다. 오직 현재만 있을 뿐이다. 그래서 매우 힘들고 어렵고 고통스러운, 혹은 부정적인 방법으로 살던 과거의 삶을 들춰볼 필요가 없다.

끌어당김의 법칙은 오직 현재에만 작용한다는 것을 기억하라. 당신이 과거의 삶을 부정적으로 말하면, 끌어당김의 법칙은 '지금' 당신을 과거로 보낼 것이다.

원하는 어떤 것을 가져오든지 아니면 삶에서 부정적인 어떤 것을 제거하든지, 이 모든 것은 창조의 과정과 같다.

만약 고치고 싶은 습관이 있거나 제거하고 싶은 부정적인 것이 있다면 당신은 원하는 것에 반드시 집중해야 한다. 부정적인 것으로부터 자유로워진 상태를 상상하라는 의미다. 부정적인 상태가 완전히 사라진 모습을 가능한 한 많이 상상하라. 스스로 행복하고 자유로운 상태를 상상하라. 당신이 부정적인 상황에 있다는 생각을 제거하라. 당신은 오로지 당신이 원하는 상태로만 존재한다.

하루하루 누굴 만나든(친구, 가족, 직장동료, 낯선 사람) 상관없이 그들에게 기쁨을 주라. 미소, 칭찬, 친절한 말과 행동을 전해주고 꼭 기쁨을 선사하라! 반드시 당신을 만난 모든 사람이 당신을 만났기 때문에 더 좋은 날이 되도록 최선을 다하라. 이 말은 당신을 고려하지 않은 것처럼 들릴 수도 있으나, 나를 믿으라. 이것은 우주의 법칙과 떼어낼 수 없다.

당신이 만나는 모든 사람에게 기쁨을 줄 때, 당신은 당신을 위한 기쁨을 얻을 것이다. 당신은 다른 이들에게 더욱 큰 기쁨을 줄 수 있고, 당신 또한 더 큰 기쁨을 느낄 수 있다.

몸무게를 줄이려고 하는 많은 사람들은 다시 살이 찐다. 그들은 살에만 집중했기 때문이다. 그 대신에 완벽한 몸매를 만드는 데 초점을 맞추라.

무엇이든 끌리는 것에 강력하게 집중하라. 이것이 바로 법칙이 작동하는 방법이다.

아주 멋진 부분에 집중하라. 당신이 자신의 어떤 부분을 비판하기 시작할 때, 즉시 멈추고 좋은 것들로 당신의 생각을 전환하라. 좋은 것에 집중하면, 당신은 좋은 것을 아주 많이 끌어당길 것이다.

자신에게 친절하라. 당신은 그럴 가치가 있는 사람이기 때문이다.

우리 개개인은 모두 자신의 삶의 창조자다. 다른 사람들이 의식적으로 같은 것을 요청하지 않는 이상, 우리는 다른 사람들의 삶을 창조할 수 없다. 예를 들어 어떤 사람이 잘살기를 원할 때, 주변 사람들은 그가 잘살 수 있도록 강력한 관심을 쏟을 것이다. 그들 스스로 잘살기를 원했기 때문에 그 긍정적인 에너지는 잘 전달되었고 그들에게 도움을 주게 된 것이다.

"우리는 만유인력의 법칙을 학문적으로 이야기한다. 그러나 우리는 실생활에서 그와 비슷하고 훌륭한 법칙인 끌어당김의 법칙은 무시한다. 우리는 끌어당김의 법칙의 훌륭한 결과를 잘 알고 있다. 우리는 신체를 지구로 끌어들이고 방황하는 세계를 제자리로 끌어들이는 이 법칙의 힘을 알고 있다. 그러나 우리는 그러한 위대한 법칙 앞에서 눈을 감아버린다. 이 법칙이 우리의 인생을 흥하게도 하고 망하게도 하는 우리의 희망이나 두려움을 끌어들이기 때문이다."

"에너지가 가득한 생각의 강력함(강력한 자석과 같은 끌어당김의 힘)으로 다가갈 때, 우리는 지금까지 어둡게만 보였던 많은 것을 이해할 수 있게 된다."

윌리엄 워커 앳킨슨(1862년~1932년)

『매력 *Thought Vibration*』

自신을 알라! 일상생활에서 사소한 것이 당신에게 어떻게 표출되는지, 그리고 그로 인해 당신의 내면이 어떠한 느낌을 받았는지 생각해보라. 사소한 것이 얼마나 쉽게 다가왔는지도 생각해보라. 사소한 것에 대해서는 단 한 번만 생각하고 다시는 떠올리지 않았다는 사실을 발견할 것이다. 그리고 이것은 감정으로 나타난다.

당신은 자신이 원하는 것에 모순되는 어떤 행동이나 말도 하지 않았다. 그래서 끌어당김의 법칙이 작동할 수 있었다.

감사의 힘과 마법을 이해하려면 직접 경험해봐야 한다. 왜 매일 100가지의 감사한 일을 찾으려 하지 않는가?

만약 당신이 매일 감사를 실행한다면 감사가 당신의 천성이 되기까지 오래 걸리지 않을 것이다. 그리고 이 일은 당신의 삶에 있어 가장 위대한 '시크릿' 중 하나를 알려줄 것이다.

원하는 것을 이루어내는 과정에서 할 수 있는 가장 강력한 일은 무엇인가? 당신을 위해 요청하는 것처럼 다른 사람들을 위해서도 요청하는 일이다. 그중 가장 쉬운 방법은 당신이 원하는 모든 것을 다른 이들을 위해서도 요청하는 것이다. 모든 이를 위한 좋은 삶, 평화, 풍요로움, 건강, 사랑, 행복을 기원하라.

당신이 다른 사람들을 위해 요청할 때, 그것은 다시 당신에게 돌아온다. 이 법칙은 모든 것에 적용된다.

끌어당김의 법칙은 당신이 증오하는 어떤 것에도 변화를 일으킬 수 없다. 증오(미움)는 변화를 거부하기 때문이다. 당신이 증오를 표현하면, 이 법칙은 우리에게 작용하여 증오를 계속 발산할 뿐이다. 당신은 증오로부터 벗어날 수 없다. 증오에서 벗어나는 유일한 방법은 사랑뿐이다.

만약 당신이 사랑하는 것에만 주의를 기울인다면 아름다운 삶이 펼쳐질 것이다.

비판은 매우 교묘하여 생각 속으로 서서히 침투한다. 비판의 교묘함을 알려주는 징조가 있다. 그러면 생각에서 비판을 제거할 수 있을 것이다.

오늘 날씨는 끔찍해.
차가 왜 이렇게 막혀.
서비스가 정말 엉망이군.
오, 안 돼! 이 선을 봐!
저 사람은 항상 늦어.
얼마나 더 기다려야 해?
저 운전자 돌았나 봐.
여기 진짜 덥다.
왜 이렇게 늦게 나와!

사소한 것들이지만 끌어당김의 법칙은 이 모든 것들을 듣는다. 모든 상황에서 당신은 감사할 수 있는 능력을 가지고 있다. 우리 주변에는 늘 감사할 일들이 존재한다.

무엇을 원하든지 상관없이 그것을 표현하는 과정은 모두 같다. 그 과정은 『시크릿』 책과 영화를 통해 소개되었다. 만약 당신이 명확하게 알지 못한다면 당신의 마음속에 자리 잡을 때까지 반복해서 「시크릿」 영화를 보거나 책을 읽으라. 그러면 당신의 의식과 삶속에 '시크릿'이 자리 잡을 것이고, 무엇을 어떻게 해야 하는지 알게 될 것이다.

"먼저 자신의 마음을 평안하게 유지해야
다른 사람들에게도 평안을 줄 수 있다."

토마스 아 켐피스(1380년~1471년)

『그리스도를 본받아 *The Imitation of Christ*』

좋은 생각은 구원의 빗물이라고 상상하고, 몸은 그 빗물이 모이는 곳이라고 상상해보라.

가능한 한 좋은 생각을 많이 모으려 할 것이고, 몸속에 그 빗물을 채우고 유지하려 노력할 것이다. 하지만 만약 당신이 좋은 생각을 몸속에 채우지 않는다면, 빗물은 진흙과 토사가 있는 바닥으로 스며들 것이다. 부정적인 생각은 당신의 저수지를 토사와 진흙탕으로 전락시킨다. 구원의 빗물이 다시 넘칠 때까지 좋은 생각으로 몸을 가득 채우라. 의식적으로 매일매일 좋은 생각이 차고 넘쳐 흐르게 하라.

모든 긍정적인 움직임은 당신의 존재를 변화시킨다. 이미 배웠듯이 당신의 의지와 결심을 꾸준하게 실행하라. 변화가 얼마나 빠르게 일어나는지 그 속도에 놀랄 것이다. 변화는 형언할 수 없는 평화와 기쁨을 가져다줄 것이다. 이러한 변화를 꼭 경험해야 하며, 그렇게 된다면 다시는 과거로 돌아갈 수 없을 것이다.

당신은 끌어당김의 법칙이 적용되지 않는 것이 없다는 것을 안다. 그것은 언제나 예외 없이 적용되기 때문이다. 만약 당신이 원하는 것을 갖고 있지 않다면, 이 법칙을 사용하여 원하는 것을 만들 수 있다. 당신은 여전히(계속) 창조하고 있고, 끌어당김의 법칙은 여전히(계속) 당신에게 반응한다.

만약 이 원리를 이해했다면, 당신은 원하는 것을 끌어들이는 믿을 수 없는 이 힘을 사용할 수 있다.

인생에서 도전을 만나면 절대로 도전에 저항하지 말라. 도전에 저항하는 것은 도전이 당신에게 오는 것을 막는 일이다. 당신이 원하는 것에 집중하면서 도전과 부정적인 것을 뛰어넘으라. 당신이 하늘 높이 있다고 상상하면서 아래로 내려다보면 부정적인 것은 아주 작은 점으로 보일 뿐이다. 그럼, 당신은 부정적인 것의 실체를 볼 수 있다.

이 작은 과정이 당신을 부정적인 상황에서 구해낼 것이다.

감사로 하루를 시작하라. 당신이 누웠던 침대, 머리 위 지붕, 발 아래에 카펫, 수돗물, 비누, 샤워기, 칫솔, 옷, 신발, 음식을 보관해 주는 냉장고, 당신이 운전하는 차, 직업, 친구들에게 감사하라. 당신이 필요한 것을 쉽게 살 수 있는 상점(가게), 레스토랑, 편의시설, 서비스 그리고 삶을 편리하게 해주는 전자제품에 감사하라. 당신이 읽는 잡지와 책에도 감사하라. 당신이 앉는 의자, 당신이 걷는 길에도 감사하라. 날씨, 태양, 하늘, 새들, 나무, 풀밭, 비 그리고 꽃에 감사하라.

"감사합니다." "감사합니다." "감사합니다."

당신은 기회를 놓칠 수 없다. 왜냐하면 우주가 당신에게 계속 기회를 주기 때문이다. 만약 기회를 놓칠 거라고 생각하면, 당신은 불쾌해질 것이다. 그러면 올바른 기회를 얻을 수 없다. 믿음을 가지라. 우주는 당신에게 무한정의 기회를 줄 것이고 무한한 방법으로 당신의 관심을 끌 것이다.

당신은 올바른 기회를 잡게 될 것이다.

"누구나 봉사(serve)할 수 있기 때문에
우리는 모두 위대해질 수 있다.
봉사하기 위해 대학을 졸업할 필요는 없다.
봉사하는 데 계약서는 필요 없다.
단지 은혜로 가득 찬 마음만이 필요하다.
영혼은 사랑으로 만들어진다."

마틴 루터 킹(1929년~1968년)

좋은 것을 얻으려면 당신 스스로를 좋은 주파수 위에 두어야 한다. 당신 스스로를 좋은 주파수에 붙여두고, 좋은 생각과 말과 행동을 하라.

모든 질문의 정답은 당신 안에 있기 때문에, 스스로 정답을 발견하는 것이 중요하다. 당신은 자신과 그에 관한 모든 것을 신뢰해야만 한다. 『시크릿』책과 영화는 당신이 당신 내부에 있는 힘을 이해하고, 그 힘을 사용할 수 있도록 도와줄 것이다.

질문하라. 그러면 잘 알게 될 것이다. 정답이 곧 떠오를 것이기 때문이다.

현명한 세 마리 원숭이를 기억하는가?

악을 보지 말라.

악을 듣지 말라.

악을 말하지 말라.

이 말의 의미는 '부정적인 것을 보지 말라, 부정적인 것을 듣지 말라, 부정적인 것을 말하지 말라'이다.

세 마리 원숭이는 참으로 현명하다!

감사합니다! 감사합니다! 감사합니다! 이 단어와 열정적인 감정이 만나면, 삶은 상상 이상으로 좋아진다. 그러기 위해서는 진심으로 감사해야 한다.

어떤 사람이 영혼 없이 "감사합니다"라고 하면 어떤 기분이 드는가? 아무 감흥도 느낄 수 없다. 그러나 누군가 마음에 진심을 담아 "감사합니다"라고 말하면? 똑같은 말이라도 진정성이 담긴 감사는 즉시 그 에너지를 느낄 수 있다.

"감사합니다"라는 말에 진정성을 담을 때, 그 말에 날개를 달아줄 수 있다.

사랑을 찾고 있다면, 우주에 복종하는 것이 완벽한 사람과 절대적인 행복을 누릴 수 있는 최고의 기회다. 우주가 당신의 삶에 사랑을 가져다주도록 허락하고 우주 속으로 자신을 이끌라. 이것은 당신이 한 발 뒤로 물러서서 우주가 주는 가능성을 수용하라는 뜻이다.

당신의 작은 관점으로는 모든 것을 볼 수 없지만, 전체적인 관점을 보고 있는 우주는 완벽한 만남을 알고 있다.

"친절한 말은 자신감을 만든다.
친절한 생각은 심오함을 만든다. 친절한 베풂은 사랑을 만든다."

노자(기원전 4세기경)

스트레스, 걱정, 불안은 미래에 대한 생각과 나쁜 일을 상상하는 데서 온다. 이것은 당신이 원하지 않는 것에 초점을 맞춘 것이다! 만약 미래를 부정적으로 생각하는 자신을 발견한다면 '현재'에 집중하라. 당신 자신을 계속 현재에 머물게 하라.

있는 힘을 다해, 당신의 마음을 지금 이 순간에 맞추라. 완전한 평화는 지금 이 순간에 있기 때문이다.

당신은 이런 생각을 하고 있는가?

"지금은 기부할 돈이 없지만, 돈이 생기면 기부할 것이다." 만약 그렇다면 당신은 절대 돈을 벌 수 없다. 무언가를 얻는 가장 빠른 방법은 그것을 다른 사람에게 주는 것이다. 돈을 벌고 싶다면 돈을 기부하라. 10달러 혹은 5달러 아니면 1달러라도 좋다. 중요한 것은 액수가 아니다. 단지 기부하라. 얼마인지 어디에 기부하는지는 중요하지 않다. 그저 기부하라.

더 많이 더 깊이 감사를 연습하라. 당신이 더 깊게, 진심으로 감사할수록 당신이 가는 곳마다 더 많은 행복이 찾아오리라.

매일 매 순간 감사를 연습하면, 당신 삶에 무슨 일이 일어나는지 지켜보라.

당신을 위해서 무엇인가를 기원할 때마다, 세계를 위한 기원도 함께하라.

당신을 위해 좋은 것(세계를 위해 좋은 것), 당신의 번영(세계의 번영), 당신의 건강(세계의 건강), 당신의 기쁨(세계의 기쁨), 당신을 위한 사랑과 화합(세상의 모든 사람을 위한 사랑과 화합).

작은 것이 놀라운 결과를 가져온다.

삶에 변화가 오면, 우리는 종종 변화에 맞서려 한다.

왜냐하면 사람들은 큰 변화가 있을 때, 나쁜 일이 생길까 봐 두려워하기 때문이다. 하지만 삶에 큰 변화가 있다는 것은 더 좋은 것이 오고 있다는 것을 기억해야 한다. 우주에는 진공이 있을 수 없어서 어떤 것이 사라지면 다른 것으로 대체되어야만 한다. 변화가 오면 마음을 가라앉히고, 변화는 '모두 좋은 것'이라는 완전한 믿음을 가지라.

훨씬 더 엄청난 것이 당신에게 오고 있다!

현재의 직업보다 더 나은 직업을 갖고 싶다면, 끌어당김의 법칙이 어떻게 작동하는지 이해해야 한다.

더 좋은 것을 얻으려면 그것이 당신의 마음속에 있다고 상상하라. 그리고 그것을 이미 가진 것처럼 행동하라. 직업에 불만이 있다면, 예를 들어 모든 부정적인 것에 초점을 계속해서 맞추고 있다면, 절대로 더 나은 직업을 가질 수 없다. 직업에서 감사할 수 있는 것을 찾아야 한다. 감사하는 마음이 더 나은 직업을 가질 수 있도록 도와줄 것이다. 이 법칙은 실제로 작동한다.

누군가의 차를 관찰해보라. 차 주인에게서 배울 수 있는 것이 있다. 반짝반짝 깨끗한 차는 주인이 차에 감사를 느끼고 있다는 증거다. 더럽고 지저분한 차는 주인의 감사를 받지 못한다는 증거다. 어떤 사람은 더 좋은 차를 끌어당기고, 어떤 사람은 더 못한 차를 끌어당기고 있다.

'당신이 가진 것에 대한' 감사는 끌어당김의 법칙을 현명하게 사용하는 것이다.

"고난의 어두운 밤에도 당신이 가장 번영했던 밝은 날 그랬던 것처럼 강하고, 확고하며, 강한 열정을 가지라. 상황이 기대에 못 미쳐도 실망하지 말라. 주변 환경과 상황 그리고 사건에 상관없이 밝은 미래를 주시하라. 상황이 악화되어도 낙담하지 말라. 모든 것이 잘되리라는 결심에서 흔들리지 말라."

"상황이 불리할 때도 절대 약해지지 않는 사람은 상황이 그에게 기쁨을 줄 때까지 더욱 강해질 것이다. 그는 결국 바라고 원하는 모든 힘을 가질 것이다. 항상 강하라. 그러면 언제나 더 강해질 것이다."

크리스찬 D. 라르숀(1874년~1962년)

『당신의 능력, 어떻게 사용할 것인가
Your Forces and How to Use Them』

끌어당김의 법칙은 거대한 복사기다. 마음에 있는 것을 그대로 복사해서, 우리의 삶 속 환경과 사건으로 되돌려준다. 우리가 어떻게 인생을 살아가는지에 대한 명확한 피드백이며, 매우 경이로운 일이다. 예를 들어 만약 당신에게 돈이 부족하다면, 마음속으로 풍요로움을 상상해야 한다는 것을 알 것이다. 그러면 이 법칙이 당신에게 그것을 그대로 돌려줄 것이다.

현실적인 것을 생각하든지 비현실적인 것을 생각하든지 현재 삶의 방식에 대해 생각하든지 당신이 바라는 삶의 방식을 생각하든지 끌어당김의 법칙은 이러한 모든 생각에 응답한다. 다시 말해 끌어당김의 법칙은 당신이 무엇을 상상하고 있는지 그것이 진짜인지 전혀 알지 못한다.

이제 상상력의 힘을 이해하겠는가?

여기에 끌어당김의 법칙을 사용하여 돈을 벌 수 있는 4가지의 쉬운 방법이 있다.

1. 돈에 대한 부족함보다 풍요로움에 대해 생각하라.

2. 돈 없이 지금 행복하라.

3. 당신이 지금 가진 모든 것을 진심으로 감사하라.

4. 다른 사람들에게 최선을 다하라.

당신이 간절히 원한다면 실천할 수 있다.

끌어당김의 법칙은 실패한 적이 없으므로 당신도 그럴 것이다. 이 법칙은 실패하지 않는다. 바라던 결과를 얻지 못했다면 그것은 이 법칙을 정확하게 사용하지 않았기 때문이다.

이 법칙은 틀림없으므로 당신이 이 법칙과 완벽하게 조화를 이루면 원하는 결과를 얻을 수 있다.

우리가 변화할 용기가 없을 때, 우리 주변의 모든 변화는 새로운 길로 우리를 안내한다.

성장을 멈추어서는 안 된다. 진화는 성장을 필요로 한다.

당신이 할 수 없는 일은 없다. 인생의 모든 것에 올바른 순서로 다가간다면, 원하는 모든 것을 할 수 있다. 우선, 전적으로 완벽하게 내면의 꿈대로 살라. 그러면 그것이 당신의 삶에 나타날 것이다. 내면으로 완전히 돌아갔을 때, 당신은 꿈을 실현하는 데 필요한 모든 것을 자석처럼 끌어당길 수 있다.

이것이 끌어당김의 법칙이다. 삶의 모든 창조는 당신 내면에서 시작된다.

"먼저 다음과 같이 행동하라.

먼저 긍정하라. 먼저 웃으라.

먼저 칭찬하라. 그리고 먼저 용서하라."

작가 미상

말에는 큰 힘이 있다. 말은 생각에 에너지를 더한 것이기 때문이다. 당신이 무슨 말을 하고 있는지 자각하라. 당신이 하는 말에 주의를 기울이라. 당신이 원치 않은 말을 했다는 것을 알아차리는 순간은 엄청나게 극적인 순간이다. 당신이 민감하게 자각하고 있다는 의미이기 때문이다. 정말이다!

무한한 우주는 태양과 같다. 태양의 본질은 빛과 생명을 제공하는 것이다. 태양이 존재하지 않으면 빛과 생명도 없다. 아침에 태양이 "난 빛과 생명을 제공하는 일에 진절머리가 나"라고 생각하면서 떠오르는 것을 상상이나 할 수 있겠는가? 생명을 주는 것을 멈추는 순간, 태양은 존재할 수 없다. 무한한 우주는 태양과 같다. 무한한 우주의 본질은 베푸는 것이며, 그렇지 않다면 존재할 수 없다.

우리가 우주의 법칙과 조화를 이룰 때, 지속적인 베풂의 기쁨을 경험할 수 있다.

매 순간 주파수를 전파하고 있다는 것을 기억하라. 주변 환경을 바꾸고 삶을 좀 더 높은 수준으로 끌어올리려면, 당신 내면의 주파수를 바꿔야 한다. 좋은 생각, 좋은 말, 좋은 행동은 당신의 주파수를 더 올려줄 것이다.

더 높은 주파수는 더 좋은 것을 당신에게 가져다준다.

당신이 우주의 법칙과 조화를 이루지 못하면 삶에서 결핍을 경험하게 되지만, 그것은 당신이 자초한 일이다. 우주는 지속해서 베풀고 있으므로 당신은 우주와 조화를 이룰 수 있도록 자신을 조율하는 법을 배워야 한다. 세상에서 가장 완벽한 화음은 좋은 생각, 좋은 말, 좋은 행동이다.

우주는 완벽하게 당신과 사랑에 빠져 있다. 당신이 얼마나 많은 실수를 하는지, 당신의 인생이 어디쯤 있는지, 자신을 어떻게 생각하는지 그것은 전혀 중요하지 않다. 우주는 당신을 영원히 사랑한다.

당신이 정말 원하는 것은 무엇인가? 당신이 원하는 결과는 무엇인가? 당신의 할 일은 원하는 결과를 고수하고, 그 결과를 마치 이룬 것처럼 느끼는 것이다. 그것을 이루는 일은 우주의 몫이다. 그래서 많은 사람들은 시도하고 도전하고 다양한 방법을 실행해본다.

간단한 예를 들어보겠다. 학비가 비싼 대학을 가고 싶어 하는 사람이 있다. 그는 어떻게 하면 학비를 벌 수 있을지 생각한다. 하지만 당신이 집중하고 이룬 것처럼 느껴야 할 결과는 이미 대학에 다니는 것처럼 느끼는 것이다(그것을 이루는 일은 우주가 하는 일이다).

결과에 초점을 맞추고, 우주가 무한한 방법으로 그것을 이루게 하라.

"물에 던진 돌이 물결을 만들듯이,
생각은 생각의 큰 바다에 퍼져서 물결과 파도를 만든다.
하지만 차이점이 있다. 물결은 단지 수평면만 사방으로
움직이지만, 생각의 물결은 중심에서부터 사방으로 움직인다.
태양으로부터 광선이 나오는 것처럼 말이다."

윌리엄 워커 앳킨스(1862년~1932년)

『매력 Thought Vibration』

고통을 겪고 있는 사람에게 당신을 맞추지 말고, 기쁨의 힘으로 그들을 끌어올림으로써 영감을 주라.

당신이 어떻게 느끼는지에 따라 당신은 영감의 빛이 될 수 있다. 당신이 버겁거나 안 좋은 기분이 든다면 당신에게 부정적인 영향을 미칠 것이다. 그러면 당장 부정에서 벗어나 긍정을 느낄 수 있도록 회복해야 한다.

당신 안에 있는 기쁨을 발산하지 않는 한 다른 사람에게 줄 것은 아무것도 없다.

현재의 재정 상황은 당신의 생각이 현실로 가져온 것이다. 지금
이 순간이 당신이 원한 상황이라면, 무의식적으로 당신이 만들어
낸 것이고 창조해낸 것이다. 당신이 이것을 이해하게 될 때 당신
이 만들어내는 것이 얼마나 강력한 것인지를 알 수 있다. 그리고
당신이 해야 할 일은, 당신이 원하는 것을 만들어내는 것이다. 무
의식적으로!

눈을 감고 돈을 가졌다고 상상하고 그 돈으로 당신이 원하는 모든 것을 한다고 상상할 때, 당신은 새로운 현실을 창조하는 것이다. 당신의 잠재의식과 끌어당김의 법칙은 그것이 사실인지 아닌지 모른다. 당신이 상상할 때, 끌어당김의 법칙은 그러한 생각과 이미지를 실제로 살아 있는 것처럼 받아들이고, 그 비전은 반드시 당신에게 돌아온다.

진짜라고 상상하는 곳에 당신이 있다면, 그것이 당신의 잠재의식에 채워진 것이다. 그리고 끌어당김의 법칙은 반드시 그것을 전달한다.

돈을 지불할 때 당신이 원하는 게임 상황으로 만들어보라. 지폐가 수표라고 상상하거나, 마치 돈을 선물로 주는 것처럼 상상해보는 것이다. 또 은행 잔액은 0원으로 하고 욕실 거울에, 냉장고에, TV 화면의 하단에, 오븐 위에, 자동차의 차양에, 책상 위에 또는 컴퓨터 위에 '시크릿' 웹사이트에서 가져온 우주 은행의 수표를 놓아보라.

게임이라고 생각하면서 해보는 것이다. 그러면 당신의 잠재의식은 풍족함으로 채워질 것이다.

주고받는 것은 상호작용이기 때문에, 가장 빨리 받는 방법은 베푸는 것이다. 우리는 모두 얼마를 주느냐에 따라 되돌려받는다. 어디를 가든지 가장 좋은 것을 주라. 미소를 주라. 감사를 주라. 친절을 주라. 사랑을 주라.

돌려받겠다는 기대를 하지 않고 베푸는 것이 좋다(순수한 베풂의 즐거움이다).

세상의 모든 종교는 우리에게 '믿음'을 가지라고 말한다. 믿음이란 당신이 아무것도 할 수 없더라도 당신이 가진 꿈이 이루어지는 순간이 있다고 확신하게 만드는 것이다. 긴장을 풀고 우주가 당신을 당신의 꿈으로, 꿈을 당신에게로 끌어들이도록 내버려두라.

"모든 것은 마음에서 나온다. 악한 마음을 품고
말과 행동을 하는 사람에게는 고통이 따를 것이며
순수한 마음을 갖고 말과 행동을 하는 사람에게는
행복이 따를 것이다.
마치 그림자가 몸을 떠나지 않는 것처럼 말이다."

석가모니(기원전 563년경~기원전 483년경)

『대구(對句)의 장 *The Twin Verses*』

모든 것은 이미 영적세계에 존재하기 때문에, 당신이 원하는 것도 이미 존재한다. 영적세계에는 시간이 따로 존재하지 않기 때문에 우리가 원하는 것은 항상 존재해왔다. 우리의 육체적 머리로는 이해하기 어려울 수 있다. 하지만 원하는 것이 있다면, 원하는 순간 그것은 이미 당신에게 주어진다는 사실을 이해하는 것이 중요하다. 원하는 것을 영적세계로부터 물질세계로 가져오기 위해 당신이 해야 할 일은 원하는 것에 동요하는 것이다. 원하는 것을 만들 필요가 없다. 이미 존재하기 때문이다.

원하는 것에 동요하라. 그러면 당신을 통해 그것을 물질세계로 가져올 수 있다.

무언가를 비판하거나 누군가를 비난할 때, 당신의 감정이 어떤지 주목하라. 나쁜 감정은 당신이 부정적인 것을 끌어당기고 있다는 것을 명백히 말해준다. 우주가 당신의 감정을 통해 당신에게 전달해주는 명확한 가르침에 집중하라.

나쁜 감정은 아무런 가치도 없다.

여기 당신이 받는 것에 익숙한지 확인할 수 있는 체크리스트가 있다.

당신은 칭찬받는 것에 익숙한가? 당신은 예상외의 선물을 쉽게 받는가? 당신은 남의 도움을 쉽게 받아들이는가? 당신은 친구가 식사비용을 내도록 허락하는가?

이것은 작은 것이지만, 당신이 받는 것에 열린 마음을 가졌는지 아는 데 도움이 된다. 기억하라. 우주는 모든 사람과 환경을 통해 당신에게 주기 위해 움직인다.

생각과 감정은 원인이고 그것은 명확한 결과로 나타난다. 그래서 만약 당신이 원하는 것을 내면화한다면 당신은 이미 해야 할 일을 마친 셈이다. 그것이 당신 내면에 있기 때문에, 당신 외부에도 존재한다.

기억하라. 내면이 원인이고 외부세계는 결과다.

만약 어떤 행동이 당신이 원하는 것에 모순된다고 느낀다면, 그 행동을 하는 동안 상상력을 사용하라. 당신은 원하는 것을 만들기 위해 매일 이렇게 행동할 수 있다. 예를 들어, 낡은 자동차를 운전할 때 원하는 새 자동차를 운전한다고 상상할 수 있다. 지갑을 열 때 지폐로 가득 차 있다고 상상할 수 있다. 당신이 원하는 것을 일치시키는 가상게임으로 모든 행동을 변화시킬 수 있다.

끌어당김의 법칙은 그것이 현실인지 상상인지 모른다는 사실을 기억하라.

나는 「시크릿」 영화를 제작할 때, 우주의 법칙을 배웠다. 잠시 외부세계에 도움을 청하는 실수를 저지른 것이다. 나는 100만 달러짜리 영화를 제작하고 있었고, 제작을 시작할 때 많은 빚을 지게 되었다. 어디를 가도 도움받을 곳이 나타나지 않았다. 하나의 문이 닫히고, 또 다른 문이 내 앞에서 닫혔다. 나는 잘못된 장소에서 도움을 찾고 있다는 것을 발견했다. 왜냐하면 우주의 모든 힘은 내 안에 있었기 때문이다.

나는 그 즉시 내 안의 힘과 나 자신을 연결했다. 그리고 그것에만 집중하면서 우주가 완벽한 방법을 찾도록 했다. 나는 결과를 내 마음, 내 생각, 내 몸에 일체시킨 채 나의 일을 했다. 그 방법은 빛이 났다.

"자신이 어떤 생각을 할지 자유롭게 선택할 수 있다.
하지만 생각의 결과만큼은 그렇게 할 수 없다.
그것은 불변의 법칙에 지배당하기 때문이다."

찰스 해넬(1866년~1949년)

『성공의 문을 여는 마스터키 *The Master Key System*』

목적을 발견하는 순간, 당신의 가슴은 열정으로 불붙는다. 의심할 여지없이 그렇다.

당신이 할 수 있는 좋은 생각이나 좋은 말, 친절한 행동에는 한계가 없어서 주파수를 높이 끌어올리는 데에도 한계가 없다. 주파수를 끌어올림으로써 삶이 변하고 다른 사람의 인생까지 끌어올릴 수 있다. 당신 에너지의 긍정적인 주파수는 호수에 돌을 던져 물결이 사방으로 퍼지는 것처럼 지구 상에 살아 있는 모든 것에 자극을 전파한다.

더 높이 올라감으로써 당신은 온 세상을 가질 수 있다.

외부세계의 그 어떤 사람이나 힘이라도 당신 안에 있는 힘과 비교할 수 없다. 내부에 있는 힘을 찾으라. 그 힘이 당신을 위한 가장 완벽한 길이다.

스트레스를 받으면 원하는 것을 끌어들일 수 없다. 긴장감이나 스트레스는 당신의 시스템에서 제거해야만 한다.

스트레스를 없애는 것이 원하는 것을 취하는 유일한 방법이다. 스트레스는 당신이 원하는 것을 갖고 있지 않다고 강하게 말하는 것이다. 스트레스나 긴장은 믿음의 부재이므로 그것들을 제거하기 위해 할 수 있는 한 믿음을 강화시키라.

믿음은 좋은 것을 신뢰하게 만든다.

두려움은 나쁜 것을 신뢰하게 만든다.

당신의 삶으로 끌어들이길 원하는 것이 무엇이든 먼저 주어야만 한다. 사랑받기를 원하는가? 먼저 사랑하라. 감사받기를 원하는가? 먼저 감사하라. 이해받기를 원하는가? 먼저 이해하라. 기쁨과 행복을 원하는가? 다른 사람들에게 먼저 기쁨과 행복을 주라.

당신은 매일 많은 사람들에게 많은 사랑, 감사, 이해, 행복을 줄 수 있는 능력을 가지고 있다.

"원하는 것으로 마음을 채울 때, 그렇게 하겠다고 하루에도
수천 번씩 말하라. 가장 좋은 길이
곧 열릴 것이다. 갈망하는 기회를 얻을 것이다."

크리스찬 D. 라르슨(1874년~1962년)

『당신의 능력, 어떻게 사용할 것인가
Your Forces and How to Use Them』

단 하루라도 좋은 일을 찾는 일, 당신 안의 좋은 감정을 찾는 일,
기도, 감사, 축복 그리고 감사 없이 보내지 말라.

삶에서 그것을 이루라. 그러면 삶은 완전히 경이로운 일로 채워
질 것이다.

삶에서 큰 변화가 일어나면 당신은 방향을 바꾸게 된다. 때로는 새로운 길이 쉽지 않아 보이지만, 위대함이 있음을 분명히 알 수 있다. 새로운 길은 당신이 지금까지 경험하지 못한 것을 갖고 있다.

과거에 겪은 안 좋은 일을 돌이켜보면, 그것이 삶을 얼마나 변화시켰는지 알 수 있다. 어떤 것도 바꿀 수 없는 그 사건이 인생을 어떻게 인도했는지 보라.

고대 바빌로니아인들은 필수적인 법칙을 사용했기 때문에 막대한 부를 축적할 수 있었다. 그들이 활용한 법칙 중에는 소득이나 재물의 1/10을 바치는 십일조가 있었다. 십일조는 받기 위해 줘야 하는 것이었고, 바빌로니아인들은 이 법칙을 사용함으로써 부의 흐름을 파악했다.

'여유가 생기면 기부하겠다'라고 생각한다면, 십일조 법칙은 당신이 절대로 많은 돈을 벌지 못하게 만들 것이다. 왜냐하면 기부가 선행되어야 하기 때문이다. 지구 상의 많은 부자들은 자기 방식대로 십일조를 내고 있고, 그것을 절대 멈춘 적이 없다.

자신을 들여다보고 어떤 부분에 불만을 느낀다면, 당신은 불만의 감정을 계속 끌어당길 것이다. 끌어당김의 법칙은 당신의 내면을 그대로 반영하기 때문이다.

자신의 훌륭함을 경외하고 감탄하라!

어떠한 역경이 있든지, 우리는 그 시간을 최고로 만들 수 있다. 「시크릿」 영화의 모리스 굿맨 이야기를 생각해보라. 모리스는 단지 눈만 깜빡일 수 있고 온몸이 완전히 마비된 채 병원에 누워 있어야만 했다. 하지만 그는 상상으로 시각화할 수 있었다. 그는 모든 역경을 이겨내고 마침내 걷게 되었다.

인생이 참으로 훌륭하다고 상상하라. 완전한 기쁨 안에 있는 당신의 모습을 상상하라. 그리고 무슨 일이 있어도 비전을 고수하라!

당신은 자석이다. 당신이 마음속으로 느끼는 것이 무엇이든 가질 수 있다. 그러므로 기쁨의 자석이 돼라. 그리고 모든 전력을 다해 지속적으로 하라. 기쁨은 당신 내면의 느낌이며, 주변에서 무슨 일이 일어나든지 상관없이 당신은 스스로 기쁨을 느낄 수 있도록 조정할 수 있다.

기쁨이 가득한 삶을 살기 위해서는 끌어당김의 법칙에 따르는 삶을 살아야 한다.

"대부분의 사람들은 자신이 마음먹은 만큼 행복하다."

에이브러햄 링컨(1809년~1865년)

사람들은 물질세계에서 모든 것을 좇는 것으로 인생을 허비하느라, 정작 자기 안에 있는 가장 위대한 보물을 놓치고 만다. 바깥세상을 향한 당신의 눈길을 차단하라. 생각과 말을 당신 내면으로 향하게 하라. 당신 안의 절대자는 세상의 모든 보물을 여는 열쇠다.

당신은 당신 안에 절대자를 가지고 있다. 그리고 삶의 매 순간마다 안내를 받고 있다. 당신 자신만을 위해 생각하고, 자신만을 위해 선택하라.

몸은 마치 영화 프로젝터 같아서, 생각과 감정이 그 프로젝터를 통해 상영된다. 당신이 볼 수 있는 삶의 모든 장면은 당신의 내부로부터 프로젝터를 통해 투영되는 것이고, 그것들은 당신이 영화 속에 넣어둔 것이다.

더 좋은 생각과 감정을 선택한다면, 당신이 보는 영화 속 장면을 바꿔놓을 수도 있다. 당신은 당신의 영화에 무엇이 나올지 완벽하게 조정할 수 있는 능력을 가지고 있다.

당신의 삶이라는 영화는 어떻게 진행되고 있는가? 돈, 건강 또는 인간관계에서 대본을 바꿔야 할 필요가 있는가? 교정이나 편집하고 싶은 부분이 있는가? 오늘 당신은 원하는 대로 영화를 수정할 수 있다. 오늘의 수정은 내일 영화로 반영되기 때문이다.

당신은 당신의 인생이라는 영화를 창조하고 있으며, 그것은 매일 매일 당신의 손에 달려 있다.

비록 배워야 할 것과 공부해야 할 것이 많을지라도, 당신에게 판단할 수 있는 능력이 있다면 삶의 진리는 당신 주변 곳곳에 깔렸다. 오직 무지와 고정관념이 진리를 향한 눈을 흐리게 하고 있다.

당신 자신에게 지속적으로 의문을 던지고, 배움을 게을리하지 말라. 그리고 고정관념을 날려버리라. 그러면 진리가 당신 내부에 펼쳐질 것이다.

"어떤 위대한 목적, 이례적인 프로젝트에 의해 영감을 받으면
당신의 모든 생각은 서로의 연결고리를 끊어버리고 내적 한계를
초월하며 의식은 모든 방향으로 뻗어 나간다. 그리고 당신은
훌륭하고 위대한 새로운 세상에 존재하는 자신을 발견하게 된다.
잠자고 있는 힘과 능력, 재능이 살아나고, 꿈꿔온 당신
자신보다 훨씬 더 나은 사람이 되어 있는 자신을 발견할 것이다."

파탄잘리 요가(기원전 200년경)

『수트라 Sutras』

당신이 지금 원하는 것을 가진 듯 말하라. 이것은 매우 중요하다. 끌어당김의 법칙은 정확히 당신의 생각과 말에 반응한다. 그러니 당신이 미래에 대해 꿈을 꾸고 있다면, 그 생각을 당장 멈추라.

당신은 이미 그것을 이룬 듯 느껴야만 한다.

끌어당김의 법칙을 연습하고 또 연습할 때마다 생각과 감정의 주파수는 더더욱 높아진다. 주파수는 무한하게 퍼져나갈 수 있으며, 그들이 더 크게 진동할수록 삶도 더욱 좋아진다. 그러나 이것은 단계가 있다. 주파수를 더 높이는 유일한 방법은 단계를 차근히 밟아나가는 것이다.

그러므로 매일 할 수 있는 만큼 좋은 감정을 갖고, 좋은 생각을 많이 하라.

끌어당김의 법칙을 완벽히 조절하려면 자신을 완벽히 조절할 수 있어야 한다. 생각과 감정을 조절하라. 그러면 자신을 조절할 수 있고 끌어당김의 법칙의 절대자도 될 수 있다.

아무도 자신이 원하지 않는 것을 의도적으로 일어나도록 하지 않는다. 그러나 역사를 살펴보면 인류는 불행하게도 삶에 영향을 미칠 강력한 법칙을 인식하지 못한 채, 고통과 슬픔 그리고 상실로 계속 괴로워해왔다.

당신은 끌어당김의 법칙을 알기 때문에 이제 역사를 바꿀 것이다. 당신은 삶을 창조할 수 있다. 당신은 역사를 바꾸고 있다!

당신의 일은 오직 당신만 할 수 있다. 당신이 끌어당김의 법칙과 조화롭게 어울려 일하면, 우주와 당신 사이에는 그 어떤 사람도 끼어들 수 없다. 그러나 만약 당신이 원하는 일을 다른 사람이 방해할 수 있다고 생각한다면, 당신은 부정적인 방향으로 나아갈 것이다. 당신이 원하는 것을 이루는 데에만 집중하라.

당신은 자기 삶의 아주 훌륭한 관제센터이며, 우주는 당신의 파트너다. 아무도 당신의 창조비법을 빼앗을 수 없다.

당신이 어느 지점에서 돌아서야 할지, 어떤 길을 따라야 할지 결정하지 못했다면, 당신의 인생에서 모든 결정을 해줄 우주 최고의 힘을 기억하라. 당신이 해야 할 일은 당신이 원하는 것을 요청하고, 당신이 원하는 것에 대한 안내를 받게 될 것이라는 믿음을 갖고 당신의 요청이 수락되기를 기다리는 것이다. 우주 최고의 힘은 당신이 가는 길마다 함께한다. 당신은 그 우주의 위대한 힘과 요청에 응답하기만 하면 된다.

더 이상 돈이 필요하다고 생각하지 않을 때 돈은 따라올 것이다.
돈에 대한 욕구는 당신이 이미 충분치 않다는 생각에서 나오므로
돈이 충분하지 않은 상태를 계속 창조하게 되어 있다.

당신은 현재 자신의 재정 상태를 계속 만들어내는 중이다.

"운명은 외부의 힘으로 만들어지지 않는다. 우리는 자신을 위해
운명을 계획한다. 현재 무엇을 생각하고 행동하는지에 따라
미래에 무슨 일이 일어날 것인지 결정된다."

"생각을 정의하는 법을 배운다면, 당신이 수정하거나 변경하거나
향상하지 못할 그 어떤 것도 존재하지 않는다."

크리스찬 D. 라르슨(1874년~1962년)

『당신의 능력, 어떻게 사용할 것인가
Your Forces and How to Use Them』

당신이 무언가에 강하게 집착하는 이유는 그것을 잃을까 봐 두렵기 때문이다. 그럴수록 더욱 떨쳐내려 노력해야 한다. 이러한 생각은 공포로 채워져 있다. 만약 이런 두려움이 지속된다면 결국 당신이 가장 무서워하는 것이 나타날 것이다.

공포는 아무것도 아니다. 당신이 원하는 것만 생각하라. 훨씬 기분이 좋아질 것이다.

진리는 당신을 자유롭게 할 것이다. 세상의 모든 아픔과 고통은 우주의 무한한 법칙을 모르는 사람에게서 온다. 자신을 위해 우주의 법칙을 증명한 사람들이 '시크릿'의 원리를 찾아냈다. 이제 당신이 그것을 증명해보라. 그러면 진리가 당신을 자유케 할 것이다.

믿음은 그 믿음이 이루어질 때까지 계속 반복적으로 되뇌어지는 생각에서 창조된다. 믿음은 당신이 발산하는 일정한 주파수이며, 끌어당김의 법칙을 통해 믿음은 삶을 만드는 아주 강력한 힘이다. 끌어당김의 법칙은 믿음에 응답한다.

그래서 어떤 것을 창조하고 싶다면 반드시 요청하고 믿어야 한다. 그러면 얻게 될 것이다.

당신의 진정한 본성은 사랑이다. 당신 내부에서 사랑을 무제한
으로 공급할 수 있다는 점이 바로 그 증거다. 사랑을 덜 가진 사람
도 없고, 내면에서 밖으로 끌어낼 수 있는 사랑은 무한하기 그지
없다.

사랑의 전지전능한 힘은 끌어당김의 법칙에 불을 붙일 수 있다. 이
것은 우주에서 가장 강력한 자기력이다.

질병에만 집중하는 사람은 불행히도 더 많은 질병을 끌어들이게 된다. 반대로 질병보다 건강에 더욱 집중하는 사람은 끌어당김의 법칙을 통해 건강해지기 위해 노력하게 된다. 이 법칙의 원리는 내면 치유의 힘을 끄집어내는 강력한 도구이며, 오늘날 우리가 활용할 수 있는 위대한 의학적인 방법과 함께 전체적으로 조화롭게 어우러져 사용될 수 있다.

우리 안에 치유의 힘이 없다면 어떤 것도 치유될 수 없다.

원하는 무언가가 너무 거대하다면 당신은 바로 실현되지 못할 거라 생각할 것이다. 그러나 당신은 창조의 시간을 만들어낼 수 있는 유일한 사람이다. 당신은 원하는 것의 크기에 근거하여 창조가 일어날 수 있도록 시간을 만들 수 있다. 그러나 우주에는 크기나 시간이 따로 없다. 모든 것은 우주 속에서 현재 존재하고 있다!

"강력한 생각 또는 오래도록 해온 생각은
다른 사람의 생각에 상응하기 위해
우리를 끌어당김의 주도자가 되도록 만든 것이다.
생각의 중심에 있는 것처럼 끌어당김을 즐기라
(당신이 뿌린 만큼 거둔다)."

"남자든 여자든 사랑으로 가득한 사람은
모든 것을 사랑으로 대하며, 다른 사람의 사랑을 끌어들인다.
증오로 가득한 사람은 그 주변의 모든 증오를 끌어들인다.
일반적으로 모든 것에 대항하여 싸우고 싶어 하는 사람은
그것을 제대로 경험해보기도 전에 싸움을 원한다.
그리고 개인의 마음속 무선 통신처럼 자신이 원하는 대로
일어난다."

윌리엄 워커 앳킨슨(1862년~1932년)

『매력 *Thought Vibration*』

당신은 당신 차에 기름을 가득 채우는 일을 결코 게을리하지 않을 것이다. 그렇다면 좋은 생각과 감정을 가득 채우는 일에는 얼마나 부지런한가?

올바른 연료가 충분해야만 삶은 당신이 원하는 방향으로 갈 수 있다.

당신은 매일 우주로부터 수천 개의 메시지를 받는다. 매 순간 당신을 끌어들이고 당신에게 이야기해주는 우주로부터 오는 메시지를 이해할 수 있어야 한다. 우연한 것은 하나도 없다. 당신이 인지하는 모든 단어, 모든 색깔, 모든 향기, 모든 소리, 모든 사건과 상황은 우주가 당신에게 말하는 메시지다. 그리고 당신은 그것의 타당성을 아는 유일한 사람이다. 이런 메시지는 계속 도착 중이다.

보는 것에 당신의 눈을 사용하라. 듣는 것에 당신의 귀를 사용하라. 당신의 모든 감각을 사용하라. 그 감각을 통해서 의사소통하기 때문이다.

기억은 인식을 포함하고 있다. 지금 이 순간을 인식해야 함을 기억하라. 인식한다는 것은 당신 주변의 모든 것을 보는 것이고, 당신 주변의 모든 것을 듣는 것이며, 당신 주변의 모든 것을 느끼는 것이고, 지금 당신이 하는 것에 온전히 집중하는 것이다.

많은 사람들은 자신의 과거와 미래에 대한 잠재된 생각에 귀를 기울이지 않기 때문에 원하지 않는 일을 겪곤 한다. 그들은 그러한 생각에 최면이 걸려 있으며 무의식적으로 살고 있다는 것조차 인식하지 못한다.

인식해야 한다는 것을 기억할 때, 즉시 인식해야 한다. 그저 기억해야 할 것을 기억해야 한다.

무언가를 열망한다면 끌어당김의 법칙을 따르라. 당신이 열망하는 것을 끌어당길 수 있다. 그러나 무언가에 대한 욕구는 끌어당김의 법칙을 오용하는 것이다. 만약 당신이 너무도 급하게 또는 절실하게 욕구를 느낀다면, 그 감정은 공포를 포함하고 있기 때문에 그 욕구를 해결할 수 없다. 그러한 '욕구' 같은 감정은 모든 것을 사라지게 만든다.

욕구를 채우려 하지 말고, 모든 것을 열망하라.

창조하는 단계는 다음과 같다.

1단계 - 구하라. 그것은 당신이 원하는 것을 깊은 고찰을 통해 명확히 알고 있다는 의미다. 원하는 것을 요청해야 하는 순간을 기억하라. 그것은 당신의 정신세계에 이미 존재할 것이다. 요청은 창조의 가장 능동적인 단계다.

2단계 - 믿으라. 당신이 요청하는 것이 바로 당신 것이라는 사실을 스스로 믿으라는 의미다. 믿음은 정신적인 세계로부터 현실세계로 변환되어가는 당신의 열망에 다양한 의미를 제공한다. 믿음은 창조의 수동적인 단계다.

3단계 - 받으라. 만약 당신이 이미 받아들였다는 것을 믿는다면 당신은 받아들이게 될 것이다. 받아들이는 것은 창조의 세 번째 단계이며, 당신이 능동적 그리고 수동적으로 함께 끌어당긴 완벽한 창조의 결과물이다.

창조는 배터리와 같다. 긍정은 능동과 같고 부정은 수동과 같다. 이 두 가지를 완벽하게 연결하면 큰 힘을 소유할 것이다.

행복은 당신의 내면에서 나온다. 끌어당김의 법칙에 따라 당신의 내부에서 원하는 바를 외부로 표출해야 한다.

당신은 지금 행복을 선택하거나 행복하지 않은 핑계를 만들고 있다. 그러나 끌어당김의 법칙에는 그 어떠한 변명도 없다.

"우리는 지혜를 그냥 얻을 수 없다.
그 누구도 대신해줄 수 없는 경험을 한 후에,
스스로 지혜를 발견해야 한다."

마르셀 프루스트(1871년~1922년)

『잃어버린 시간을 찾아서 *In Search of Lost Time*』

우리는 미래의 모든 부분을 볼 수 없다. 그러나 우주 최고의 힘은 모든 가능성을 볼 수 있다. 인간관계를 예로 들면, 당신이 좋은 사람이라 확신해도 우주는 그렇게 생각하지 않을 수 있다. 당신이 어떤 사람과 조화롭고 행복한 사랑이 가득한 관계를 원해도, 우주는 행복한 관계를 맺을 수 없다는 것을 알아차릴 테고, 당신에게 그러한 행복을 가져다주지도 않을 것이다.

조화롭고 행복하고 사랑이 있는 관계를 요청하라. 그러면 우주는 완벽한 파트너를 당신에게 데려다줄 것이다.

당신의 생각과 감정의 절대자가 되는 가장 빠른 방법은 도전이라는 상황을 겪어내는 것이다. 만약 인생이 꽤 무난하게 진행되고 있다면 당신의 힘을 키우거나 생각 그리고 감정의 절대자가 되기 위해 능력을 키울 필요가 없는 것이다.

뜻밖의 아름다운 기회로 도전이 찾아올지 모르니 잘 지켜보라.

더 이상 감정과 생각의 노예가 되고 싶지 않다면(당신의 감정이나 생각이 더 이상 당신의 동의 없이 당신을 유혹하는 것이 싫다면), 당신 자신의 절대자가 돼라. 그러면 삶 전체에서 변화가 일어날 것이다. 자신과 삶은 물론 끌어당김의 법칙의 절대권력자가 될 것이다.

웰빙의 힘을 얻고 싶다면 순수하면서도 깨끗한 밝은 에너지 속에서 숨 쉬는 자신을 상상하라. 당신의 몸이 아름답고 순수하며 밝은 에너지로 채워지는 것을 상상하라. 이 에너지가 당신 몸속의 모든 세포를 밝혀주는 것을 지켜보라. 당신의 몸은 찬란한 별처럼 밝게 빛날 것이다.

우리는 우주의 축소판(미니 버전)이다. 스스로에 대해 알아야 우주를 이해할 수 있다.

"너 자신을 알라"는 플라톤의 말처럼.

매일 어떻게 행동하는지 우리 자신이 알 수 있다는 것은 세상에서 가장 훌륭한 일이다. 세계와 우리의 삶은 에너지 영역에 끊임없이 피드백을 주고 있기 때문이다. 그리고 우리가 (좋은 생각과 감정을 통해) 새로운 부분의 에너지를 창조할 때, 우리 주변에서 발생하는 변화는 결코 사소하지 않다.

우주와 함께 조화를 이루며 살아가는 것보다 위대한 것은 없으니, 모든 순간과 노력은 가치 있는 것이다.

"대부분의 사람들은 잠재력에 비해 신체적 능력, 지적 능력 또는
도덕적 판단능력을 매우 제한적으로 사용한다.
그들은 일반적으로 자신이 갖고 있는
인지력, 정신적 능력의 일부만 사용하며,
살아 있는 유기체가 아닌 양 손가락의 일부만
사용하는 습관이 있다. 위급한 상황과 위기의 순간이 닥치면
우리의 능력이 생각보다 얼마나 더 위대한지 알 수 있다."

윌리엄 제임스(1842년~1910년)

당신의 힘이 존재하는 곳이 '지금'인 이유는 '지금'만이 오직 당신이 새로운 생각을 생각할 수 있고 새로운 느낌을 느낄 수 있는 시간이기 때문이다. 우리는 30초 전에 무엇을 했는지 생각할 수 없고 몇 시간 전에 무엇을 느꼈는지 알 수 없다. 우리는 오직 '지금'만 생각할 뿐이고 '지금'만 느낄 수 있다. 그러므로 당신이 최고의 힘을 가질 수 있는 시점은 바로 지금 이 순간이다.

남은 생애가 당신을 기다리고 있다!

한 국가를 바꾸는 것은 한 사람으로부터 시작된다. 각각의 국가는 그 나라 국민의 평화나 혼란을 반영한다. 그래서 한 사람의 변화가 나머지 국민에게 영향을 준다. 개인은 자신이 소유한 무한한 사랑과 평화를 통해 각 국가에 대대적인 변화를 가져올 수 있는 힘을 가지고 있다. 그러나 당신에게 사랑과 평화가 없다면 당신의 국가는 평안하고 안녕할 수 없다. 알겠는가? 자신이 갖지 못한 것은 줄 수 없다.

각 개인은 자신의 삶을 조화롭게 하도록 노력해야 하고, 그러한 개인은 국가와 세계를 위한 가장 훌륭한 선물이다.

가난한 운명을 가지고 태어난 사람은 아무도 없다. 우리는 인생의 모든 것을 바꿀 능력을 갖추고 있기 때문이다. 끌어당김의 법칙은 창조의 법칙이고, 개인이 원하는 삶을 창조하도록 허락한다. 모든 사람에게는 극복해야 하는 자신만의 독특한 상황이 있지만, 어떤 것이든 성취할 수 있고 모든 것을 바꿀 기회를 갖고 있다.

미래는 우리가 한 생각, 말, 행동으로부터 창조된다. 과거에 뿌린 대로 거두는 것이 미래다. 그것이 좋든 나쁘든 말이다. 우리가 지속해온 생각, 말 그리고 모든 행동은 씨앗이 되어 미래에 그대로 거두게 되어 있다.

아름다운 미래를 위해 가능한 한 좋은 생각을 하고 친절한 단어를 사용하며 선행을 베풀라.

당신의 미래는 그것에 달려 있다.

원하는 것을 이루기 위해, 당신은 그것이 어떻게 이루어지는지 생각할 필요가 없다. 당신이 해야 할 일은 우주에 요청하고, 결과에 집중하는 것이다. 그것을 가졌다고 상상하고, 가졌다고 믿고, 가졌다는 것을 알고, 그것을 가졌다는 것에 감사하라.

열정을 발휘하여 할 일에만 충실하라. 그리고 우주가 당신에게 열정을 주는 것을 받아들이라.

힘과 사랑, 그리고 기쁨을 누리며 산다면 당신은 수백만 배 고조될 수 있다.

당신의 길을 따르라. 당신의 진리를 따르라. 당신의 가슴을 따르라. 당신의 심적 행복을 따르고, 그것이 무엇이든 자신만의 길을 따르도록 허락하라. 모든 사물과 사람들의 좋은 점을 찾으라. 당신의 사랑과 기쁨을 매일매일 세상 밖으로 발산하라.

"감사하는 마음은 최고의 미덕일 뿐 아니라
모든 미덕의 어버이다."

마르쿠스 툴리우스 키케로(기원전 106년~기원전 43년)

우리가 사는 세계의 현재 상태는 인류라는 한 집단의 마음을 비추는 거울이다. 당신이 보는 세계의 부조화는 인류 내부의 부조화의 투영이다. 세계와 인류는 떼어낼 수 없는 관계다. 인간의 내면이 변하는 것처럼 우리의 세계도 변할 것이다.

한 사람이 다른 사람에게, 많은 사람은 수천 명의 사람에게, 수천 명의 사람은 수백만 명의 사람에게, 수백만 명의 사람은 수천만 명의 사람에게 영감을 줄 수 있다. 이것이 우리가 지구에 조화를 가져오는 방법이다.

'시크릿'의 원리를 알기란 쉽지 않다(매일 끊임없이 그것을 실천해야 한다). 그러나 당신은 '시크릿'의 원리대로 살아야만 한다. 순차적으로 당신은 자기 생각과 감정의 절대자가 될 것이며 자기 삶의 절대자가 될 것이다.

삶 전체가 전적으로 자신에게 달려 있다는 사실보다 더 중요한 것은 없다.

당신이 하루에 부정적인 생각보다 긍정적인 생각을 더 많이 하는지 자신에게 물어보라. 당신이 부정적인 말보다 좋은 단어, 감사의 말, 친절하고 사랑스러운 말을 더 많이 하는지 자신에게 물어보라. 당신이 다른 행동에 비해 좋은 행동, 감사함의 행동, 친절하고 사랑이 넘치는 행동을 더 많이 하는지 자신에게 물어보라.

살아가는 모든 순간, 당신 앞에는 두 가지 길이 있다. 선량함을 위해 좋은 길을 택하라.

만약 어떤 사람이 당신에게 부정적인 말을 해도 그 말에 반응하지 말라. 외부의 어떤 부정적인 일에 개의치 말고 평화롭게 고요한 곳에 머물라.

외부 상황이 어떠하든 내적으로 평화와 즐거움을 지니고 있다면, 당신은 모든 것에 절대자가 될 것이다.

당신이 외부세계를 조절할 수 없다는 사실을 아는 것이 대단하지 않은가? 외적인 상황을 조절하려는 노력은 불가능하다. 외부세계를 조절하려면 너무 많은 일을 담당해야 할 뿐만 아니라 끌어당김의 법칙에 따르면 사실상 불가능하기 때문이다.

당신의 세계를 변화시키기 위해 해야 할 일은 당신 내면의 생각과 감정을 관리하는 것이다. 그러면 당신의 전부가 바뀔 것이다.

만약 당신이 비판적인 사람이라면 고마워할 줄 모르는 사람이다. 만약 당신이 비난하거나 불평하거나 긴장하거나 조급하거나 나쁜 기분에 휩싸여 있다면, 그 역시 당신은 고마워할 줄 모르는 사람이다.

감사는 당신의 삶을 변화시킬 수 있다. 당신이 누릴 삶과 변화가 사소한 것들 때문에 방해받고 있지 않은가?

"무엇이든 무슨 일이 일어났든 그저 기뻐하라.
당신이 지금 여기 있는 것을 기뻐하라. 당신은 아름다운 세상에
있다. 그러면 세상의 아름다운 것을 발견할 것이다.
그저 기뻐하라. 당신은 항상 기쁠 수 있다.
당신이 항상 기쁠 수 있는 더 좋은 이유가 생길 것이다.
당신은 당신을 기쁘게 만드는 것을 더 많이 가질 수 있다. 대단한
것은 바로 사람의 빛이다. 이것은 모든 것이 본연의 아름다움만
큼 변화시킬 수 있고, 새롭게 전환시킬 수 있고, 재탄생시킬 수 있
다. 어떤 것이든 그 자체로서 아름다울 수 있다. 그저 기뻐하라.
그러면 당신의 운명은 바뀔 것이다.
새로운 인생이 시작될 것이며,
새로운 미래가 당신을 위해 밝아올 것이다."

크리스찬 D. 라르슨(1874년~1962년)

『그저 기뻐하라 *Just Be Glad*』

감사는 당신의 삶을 변화시키는 가장 쉽고도 강력한 방법 중 하나다. 만약 당신이 진정으로 감사하게 된다면, 당신이 어디에 있든 관계없이 당신이 필요로 하는 모든 것과 당신이 하는 모든 행동을 자석처럼 끌어당길 것이다. 사실상 감사 없이는 아무것도 바뀔 수 없다. 당신의 삶은 당신이 감사를 하고, 감사한 마음을 느끼는 만큼 바뀐다. 만약 감사하는 마음이 작다면, 당신의 삶에는 작은 변화만 있을 것이다. 그러나 감사하는 마음이 크다면, 당신의 삶에는 큰 변화가 있을 것이다. 이 모든 것은 전적으로 당신에게 달려 있다.

행복과 기쁨은 항상 존재할 수 있다. 어린아이를 바라보고 그들의 자연스런 기쁨을 보라. 아마 당신은 "어린아이는 자유롭고 아무 걱정이 없기 때문"이라고 말할지 모른다. 하지만 당신 역시 자유롭다! 걱정을 선택할지 즐거움을 선택할지는 당신의 자유의지에 달려 있다. 무엇을 선택하든 당신이 선택한 것을 끌어당기게 된다. 걱정은 더 많은 걱정을 끌어들이고 기쁨은 더 많은 기쁨을 끌어들인다.

자녀가 긍정적으로 살아가기를 원한다면, 부모 스스로 긍정적으로 살아가는 모습을 보여주는 것이 가장 효과적이다. 부모가 긍정적인 삶에 집중한다면, 자녀 또한 그들의 긍정성을 쉽게 받아들인다.

우리가 더욱 긍정적이고 즐겁다면 주변의 모든 것을 한 차원 끌어올릴 수 있다.

부정적인 주파수 안에는 좋은 것이 없다. 당신이 바라는 것을 긍정적인 주파수 위에 두라. 그렇게 하려면 삶의 모든 것을 새로운 눈(감사하는 눈, 긍정적인 눈, 그리고 오직 좋은 것만 보려는 눈)으로 바라보아야 한다.

비전을 정하고 명확하게 보라. 삶은 환상적일 만큼 아름답다.

하루 동안 당신의 기분이 어떠한지 꾸준히 확인해보라. 상태를 확인하고 몸을 편안히 하라. 만약 긴장했다면 몇 분간은 긴장을 떨쳐보내는 데 집중하고 몸 전체를 편안히 두라. 우주와 조화를 이루는 주파수는 당신을 끌어당기기 때문에 당신의 목표는 그저 몸과 마음을 평화롭게 하는 것이다.

오늘을 위해 노력할 것인가, 아니면 어제의 생각으로 오늘을 살 것인가? 다음의 말이 새로운 출발을 하는 데 도움을 줄 것이다.

세상의 좋은 것은 오늘 내게로 올 것이다.

오늘 나의 모든 열정을 발휘할 것이다.

가는 곳마다 마법과 기적이 일어날 것이다.

지금까지 경험하지 못한 최고의 날을 경험하라!

"인간은 운명의 포로가 아니라
단지 자기 마음속 포로일 뿐이다."

프랭클린 루즈벨트(1882년~1945년)

가족이 비전판을 만들 때, 가장 중요한 것은 가족 구성원 모두의
참여가 있어야 한다. 또한 가족 모두 그 작업을 즐겨야 한다. 누구
든 어떠한 제한이나 제제 없이 비전판에 원하는 것을 선택할 수 있
다. 그림이나, 사진 그리고 모든 단어는 훌륭한 비전이 될 수 있다.
가장 흥미를 느끼는 구성원은 비전판에 집중할 것이고, 자신의 삶
에서 비전판에 있는 것을 발현시킬 수 있을 것이다. 더 많은 에너
지가 발산되면 그 비전은 더 빨리 실현될 것이다.

흥미와 열정을 품은 불꽃 같은 마음은 거대한 자석 같은 힘을 지
닌다.

오래된 차가 더는 제 기능을 수행하지 못하면 새 차로 바꿔야 한다. 오래된 차를 팔아넘기고, 새로운 모델의 차를 구입함으로써 우리는 가고자 하는 곳을 계속 갈 수 있다.

당신의 몸이 더 이상 주어진 목적을 다하지 못할 때, 당신은 더 새롭고 더 나은 모델로 업데이트하여 당신의 몸에 기동력을 가할 만큼 충분히 지능적이다. 이러한 능력으로 당신의 길을 계속 갈 수 있는 것이다. 몸과 자동차는 이동수단이며 당신은 영원한 운전자다.

에너지는 창조되거나 파괴되지 않는다. 단지 형태만 바뀔 뿐이다.

살면서 좋은 것만 생각하라. 그래야 당신의 인생에 좋은 것이 끌어당겨진다. 당신의 좋은 생각과 감정은 우주의 에너지를 당신에게 좋은 것만 끌어당기도록 만들 것이다.

당신은 힘 있는 존재다.

다른 사람을 바꾸려는 것은 시간낭비다. 다른 사람을 바꾼다는 생각은 그들이 훌륭하지 않다는 것을 의미하며, 그들에 대한 평가와 불만에 사로잡혀 있다는 증거다. 그것은 감사 또는 사랑에 대한 생각이 아니며, 당신과 그 사람 사이를 멀어지게 만들 뿐이다.

상대의 겉모습보다 더 좋은 점을 찾도록 노력하라. 다른 사람의 좋은 점만 찾으려 할 때, 놀랄 만큼 새로운 관점을 발견할 수 있을 것이다.

당신은 생각, 언어, 감정, 행동으로 결정되는 자신의 주파수에 대한 책임이 있다. 사랑, 희생 그리고 선의에 반해 생각하고 말하고 행동할 때, 당신의 주파수는 한 차원 높아진다. 삶 속에서 당신이 진정으로 해야 할 일은 주파수를 지속해서 올리는 것이다. 이는 모든 것의 근본이다. 당신 삶의 모든 것은 당신이 현재 지닌 주파수의 결과에서 오기 때문이다. 모든 것이 그렇다!

"좋고 나쁨은 따로 있지 않다.

그저 우리의 생각이 그렇게 만들 뿐이다."

윌리엄 셰익스피어(1564년~1616년)

『햄릿 *Hamlet*』

당신이 원하는 것을 명확하게 끌어당기라. 원하는 것을 이미 가진 양 상상해보라. 그렇게 상상하는 동안, 당신의 감정 상태에 집중하라. 이런 가장(假裝) 놀이를 하는 아이들의 상상력은 강한 힘을 발휘해 놀이에 강하게 몰입하게 만든다. 아이들의 노는 모습을 지켜보라. 당신이 가장 원하는 이득을 위해 우주의 법칙을 어떻게 사용하는지 배울 수 있다.

기억하라. 끌어당김의 법칙은 당신의 행동이 거짓인지 참인지
모른다. 그러므로 당신은 그러한 척을 하면서 그것이 사실이라고
느껴야 한다. 그렇게 행동하면 당신은 원하는 것을 현실적으로 끌
어당기고 있다는 것을 알 것이다.

더 행복한 삶을 위한 조건을 끌어들이려면, 행복한 자석이 되어야만 한다. 행복은 행복을 끌어들인다. 행복한 자석이 되려면 다른 사람으로 인해 행복을 느끼고, 행복한 생각을 하고, 행복한 행동을 해야 한다. 자신을 행복으로 가득 채우고 싶다면, 다른 사람들에게 행복을 줄 수 있는 일을 하라.

원하지 않는 것이 지속된다면 열정적으로 원하지 않았기 때문이다. 그것 또한 당신이 끌어당긴 것이다. 원하는 것에 열정적인 감정의 힘을 담으라. 그리고 그 감정을 자신에게 끌어들이라.

집중은 창조를 끌어당긴다. 감정을 담은 집중은 강력한 창조를 만든다.

대부분의 사람들은 자신이 원하지 않는 것에 얼마나 많은 열정을 쏟고 있는지 깨닫지 못한다. 친구와 대화를 나눌 때, 당신은 끔찍한 상황에 대해서만 이야기하는 모습을 볼 수 있을 것이다. 이처럼 어떠한 일에 "끔찍해"라고 부정적으로 반응하는 것 또한 원치 않는 것에 열정을 쏟는 것이다.

당신은 아름다운 열정가다. 그러니 열정을 현명하게 사용하라.

당신은 끌어당김의 법칙과 협력관계에 있으며, 이것으로 인생을 창조해간다. 다른 사람들도 마찬가지다. 이는 당신이 다른 사람의 자유의지를 꺾는 일에 이 법칙을 사용할 수 없다는 말이다. 만약 그렇게 한다면 당신이 끌어당기는 그 자유상태를 빼앗겨버리는 위험을 감수해야 할 것이다.

당신은 다른 사람의 의지를 거스르며 끌어당김의 법칙을 사용할 수는 없다. 이 사실에 대해 깊이 생각해본다면 당신이 사랑하는 사람과의 관계에서 오직 하나의 결론만 나온다. 끌어당김의 법칙이 이렇게 작용하는 것에 감사하라. 만약 이 법칙이 제대로 작용하지 않는다면 다른 사람이 당신의 사랑을 결정해버리거나 끌어당김의 법칙을 자기 마음대로 당신에게 적용할지 모른다. 그러나 그들은 그렇게 할 수 없고, 당신도 다른 사람의 인생에 관여할 수 없다.

당신이 하는 모든 좋은 생각, 좋은 말, 좋은 감정, 친절한 행동은 당신을 더 높은 단계의 주파수로 끌어올린다. 당신의 주파수가 높아지면 새로운 삶과 세상이 펼쳐질 것이다. 당신은 지구 전체에 긍정적인 힘을 발산할 것이며, 그 힘은 생존하는 모든 것에 영향을 미칠 것이다.

당신의 주파수를 끌어올리는 만큼 당신은 성장할 것이고, 곧 전 세계에 영향을 미칠 것이다.

우리의 주파수가 변하는 만큼 우리는 성장하고 진화한다. 두 사람 사이의 관계가 끝났다는 것은 더 이상 둘이 같은 주파수를 공유하지 않는다는 것이다. 사람들 간의 주파수가 더 이상 맞지 않으면 끌어당김의 법칙은 자동으로 그들을 멀어지게 한다. 주파수의 변화는 성장이며, 성장은 인생이고, 인생은 아름답다.

아침에 커튼을 열고 밤에 커튼을 닫으면서 무엇을 생각하는가?
아침에 신발을 신을 때, 하루 일과를 마치고 신발을 벗을 때 무엇을
생각하는가? 매일 반복하는 이 네 가지 행동을 하는 동안에도 우주
의 힘을 사용하라. 그리고 마음을 다해 말하라.

"저에게 오늘 하루는 최고의 날이었습니다. 감사합니다."

어디에서든 당신의 행동에 긍정적인 힘을 넣을 수 있다. 그러나 그 전에 먼저 생각해야 할 것이 있다. 완벽하게 행동하고, 완벽하게 행복한 모습을 상상하라. 이제 당신은 앞으로 향해 나아갈 수 있다.

긍정적인 힘은 당신의 명령만 기다리고 있다(그러나 먼저 삶으로 긍정적인 힘이 들어오게 신호를 보내야 한다).

당신이 원하는 것을 하겠다고 마음먹어라! 부정적인 생각을 떨쳐버리고 당신의 인생을 바꾸려고 심각하게 고민한다면, 도움이 되는 아주 쉬운 방법이 있다. 하루도 빠짐없이 매일 100가지의 감사한 일을 적어보라. 이렇게 한다면 마음을 스스로 조절할 수 있게 되어, 당신이 긍정적인 생각을 하도록 만들 것이다. 만일 매일 이것을 한다면 생각을 조절하는 법을 터득하게 될 것이다.

생각을 조절할 수 있도록 자신에게 집중하라. 당신의 마음을 조절할 수 있게 될 때, 자신의 절대자가 될 수 있다.

차를 탈 때마다 무사히 목적지에 도착하는 모습을 생각하라. 당신이 이용하는 교통수단에는 아무 일도 일어나지 않을 것이다. 의도적으로 당신의 여행이 아름답고 안전할 수 있도록 우주의 힘을 사용하라.

창조과정은 매우 쉽다. 그러나 당신은 그렇지 않다고 여긴다면 그 이유는 간단하다. 그것을 믿지 않았기 때문이다. 당신은 창조의 과정이 어렵지 않다는 것을 믿어야 한다. 당신이 믿으면, 창조는 당신 삶 전반에 교묘하게 작용한다. 당신의 마음을 가다듬는 훈련 방법은 다음과 같다. 보이지 않는 가운데에서 그것을 믿어야 하며, 믿음은 보이지 않는 것을 보이도록 만드는 '과정'이다.

"기쁨은 사물에 있는 것이 아니다. 우리 안에 있다."

빌헬름 리하르트 바그너(1813년~1883년)

아이들과 비전판을 만들고 시각화하는 게임방법을 가르쳐주라. 아이들이 비전판에 놓을 것을 이미 갖고 있다고 믿도록 알려주라. 아이들에게는 엄청나게 훌륭한 상상력이 있다. 아이들의 과장된 행동은 그들이 가진 두 번째 천성으로, 그들은 당신에게 위대한 영감을 준다.

"어린아이들처럼 행동하고 믿으라"는 말은 2천 년 전부터 내려오는 진리다.

당신에게 부정적인 주파수가 없다면 아무도 당신에게 부정적인 생각으로 영향을 줄 수 없다. 당신의 생각과 감정을 통해서만 당신의 주파수가 형성된다. 좋은 감정을 품을수록 긍정적인 주파수와 생각이 한층 더 높아질 것이다. 그러면 다른 사람들의 부정적인 생각은 당신에게 접근할 수 없다.

당신의 믿음에 절대자가 되기 위해 해야 할 일은 '불신'이 '믿음'
이 되도록 당신의 생각, 말 그리고 행동을 조화롭게 하는 것이다.
당신이 원하는 것을 명확하게 하는 오직 유일한 방법은 '믿지 못하
는' 생각을 더 많이 하는 것, '믿지 못하는 것'을 더 많이 말하는 것,
'믿지 못하는' 행동을 더 많이 행하는 것이다.

당신의 생각, 말 그리고 행동의 대부분을 믿으면, 끌어당김의 법
칙은 당신에게 복종하게 되어 있다.

"당신이 사람들에게 받은 현금의 가치보다 더 높은 가치를
그들에게 주라."

월러스 워틀스(1860년~1911년)

『부자가 되는 과학적 방법 *The Science of Getting Rich*』

당신이 받은 것보다 훨씬 더 큰 가치를 주지 못한다면, 누군가에게 그 어떤 돈도 받지 말아야 한다. 이것은 사람들이 직업이나 사업에서 성공하지 못하고 돈의 부족을 경험하는 큰 이유 중 하나다. 살면서 당신의 직업, 당신의 사업 그리고 모든 순간에 당신이 얻는 돈보다 더 많은 가치를 세상에 주라.

당신은 오늘 자연에 감사했는가?

만약 지속적으로 제공되는 자연이 없었다면 당신은 지금 이 순간 살 수 없었을 것이다. 자연은 당신이 숨 쉴 수 있게 무한한 공기를 주고, 지구 상의 모든 생명체가 살아갈 수 있도록 충분한 물을 만들어준다. 태양이 제공하는 삶의 생산력이 없다면 우리는 생존할 수 없다.

이처럼 대가 없이 주기만 하는 자연을 어떻게 사랑하지 않을 수 있겠는가!

살면서 어떤 것에 방어적인 태도를 갖는다면, 당신이 정말 원하지 않는 것이 오히려 찾아올지 모른다. 방어적인 자세는 한 가지 문제가 있다. 바로 더욱 방어적으로 굳어진다는 것이다. 그 대신 창조적인 정신을 갖고 원하는 것을 끌어들이도록 에너지에 집중하라. 창조적인 자세는 해결책에 집중한다.

방어적인 자세가 아닌 창조적인 자세를 갖추라. 문제가 아닌 해결책에 집중하라.

"생각의 힘을 사용할 줄 아는 사람은 자신이 원하는 것을
실제적으로 해낼 수 있을 것이라고 믿는다."

"스스로 주체가 되어 자신의 마음을 조정할 수 있는 사람은,
부정적인 감정을 긍정적인 감정으로 대체할 수 있을 뿐 아니라
자신이 처한 환경, 운, 상황에 변화를 줄 수 있다.
'나는 할 수 있다'라는 태도는 부정적인 태도를 갖고 있는 사람이
상상도 할 수 없는 기적 같은 결과를 가져다준다."

윌리엄 워커 앳킨슨(1862년~1932년)

『나의 일에 대한 신념 *My Working Creed*』

당신의 삶은 학습 과정이다. 배워야만 현명해진다. 때로는 중요한 것을 배우기 위해 고통스러운 실수를 하지만, 그로 인해 오히려 더 위대한 지혜를 얻는다. 지혜는 돈으로 살 수 없다. 지혜는 힘, 용기, 지식 그리고 영원한 평화를 가져온다.

마음에 사랑이 없는 사람은 인간으로서 존재가치가 없다. 당신을 둘러싸고 있는 방패막을 하나씩 벗겨낸다면, 순수한 사랑이 만들어낸 영원한 의식적 존재가 남을 것이다.

삶의 여정이란 절대적인 사랑이 자신의 중심에 닿을 때까지 수많은 방패막을 벗겨내는 일이다.

무엇을 생각하든 간에 당신은 하루하루 더 발전하고 있다. 퇴보하는 사람은 없다. 당신도 오직 성장하고 전진할 뿐이다.

당신이 더 나아진 것이 없다고 느끼는 순간조차도 오늘의 당신은 어제의 당신보다 훨씬 더 발전된 존재다.

살다가 부정적인 변화로 인식되는 도전에 직면할 때, 그 모든 변화가 결국에는 우리에게 긍정적인 것임을 기억하라. 그 도전은 단순히 일어나는 것이 아니라, 우리의 선택에 따라 기회로 활용할 수 있다.

우주는 더 아름답고 더 좋은 일이 일어나도록 작용한다. 환상적인 일이 다가오고 있기 때문에 이러한 변화가 일어난다.

"**나**는 내가 하기로 결정한 모든 것을 성공시킬 수 있다."

이것은 절대적인 진리이지만, 정말 '당신이 그것을 믿고 있는가?'
가 중요하다.

순수한 사랑은 조건이나 제한이 없다. 사랑은 자신을 제한하거나 억제하지 않는다. 사랑은 항상 베풀기만 할 뿐 대가를 요구하지 않는다. 사랑은 무한하고 지속적인 흐름이다. 그리고 이러한 모든 사랑은 당신 안에 존재한다.

"나는 내가 처한 상황과 관계없이 항상 쾌활함과 행복함을 유지한다. 나의 행복이나 절망은 환경에 의한 것이 아니라, 내 성향에 달려 있음을 경험으로 배웠기 때문이다."

마사 워싱턴(1732년~1802년)

당신이 오늘 만나는 사람들 모두에게 적어도 한 가지씩은 감사의 말을 하라. 더 많은 사람들에게 한다면 더 좋다. 하루를 시작할 때 당신의 기분이 어떠한지 살펴보라. 하루를 마칠 때 당신의 기분이 얼마나 대단한지도 느껴보라.

일주일 중 하루를 감사의 날로 정하고, 거르지 말고 매주 실행해보라. 그리고 당신의 삶에 무슨 일이 일어나는지 지켜보라!

세상 모든 사람은 행복하기를 원한다. 사람들은 소원이 이루어지면 행복하다고 생각하기 때문에 이런저런 소원을 품게 된다. 건강, 돈, 사랑, 물질, 성공, 직업 그 외 무엇이든 행복을 위한 열망은 모든 것의 기본이다. 그러나 행복은 우리의 내면 상태다. 외부적인 것은 스쳐 지나가는 것일 뿐이므로 물질적인 것은 영원하지 않다.

당신이 영원히 행복하기로 선택했을 때 영원한 행복이 다가온다. 행복을 선택하면 당신은 모든 행복한 것들을 끌어당긴다. 케이크 위의 장식으로 행복해질 수 있지만, 케이크 그 자체가 행복이다.

만일 단점을 가진 가족과 갈등을 겪고 있다면 그 사람에게 감사한 점을 적어보라. 그리고 그 감사함을 갖게 한 그들에게도 감사해야 함을 기억하라. 이 역시 당신에게 주어진 선물이기 때문이다. 감사에 모든 힘을 집중하다 보면 주변의 부정적인 면을 줄이는 동시에 당신의 삶에 긍정적인 사람을 끌어들이게 될 것이다.

자신을 감사의 주파수에 놓아두라. 끌어당김의 법칙은 당신 주변을 긍정적인 사람들로 둘러싸게 할 것이다.

만일 병든 사람을 돕고 싶다면, 당신이 할 수 있는 매우 강력한 일이 있다. 그 사람이 강인해지고 행복해지고 건강해진 모습을 마음속으로 상상하는 것이다. 더욱 효과적이길 원한다면 그 사람과 함께하는 장면을 최대한 구체적으로 그려보라. 둘이 서로 이야기하는 모습을 상상하고, 행복하고 건강한 사람만 할 수 있는 일을 하는 모습을 떠올려보라. 그 장면을 되풀이하여 연상해보고, 정말 그런 것처럼 느껴보라.

사람들이 각자 개인의 삶을 창조하며 살아갈지라도, 이러한 과정은 끝없이 그들을 도울 수 있다.

당신에게 작용하는 무한한 힘이 있다는 신념을 가지라. 원하는 것이 무엇이든 이룰 수 있게 해주는 순수하고 긍정적인 힘이다. 그러나 당신은 그 무한한 힘과 협조관계여야 하고, 그러기 위해서는 긍정적인 것에 집중해야 한다. 부정적인 면에 집중한다면 당신은 무한한 힘과의 연결고리가 끊어지게 될 것이다.

무한한 힘은 단 하나이며, 오직 긍정적인 것과 선한 것에만 적용된다.

당신 안에 하나의 존재가 있다. 그것은 당신이 태어났을 때 처음 숨을 쉬었던 생명의 힘이다. 그의 힘으로 당신은 지금 숨 쉬고 있다. 믿을 수 없는 조화, 평화 그리고 사랑의 결정체인 그 힘은 당신 안에 있다. 생명의 존재를 느끼고 연결하고 싶다면, 잠시 눈을 감고 생각을 멈추고 긴장감을 푼 채 당신의 몸에 집중하라.

이 훈련을 하면 할수록 순수한 조화, 평화 그리고 사랑이 당신 내부에 더욱 많이 생성된다.

"마음과 정신을 최상으로 계발하기를 원한다면
밝은 성향은 필수적이다.
더 밝고 더 행복하고 더 부드러운 성향은
좀 더 쉽고 빠르게 어떤 재능이든 발전시킨다.
밝은 성향이 재능이 되는 것은
들판에 꽃이 피는 것과 같은 이치, 글자 그대로의 진실이다."

크리스챤 D. 라르슨(1874년~1962년)

『내면의 위대함 *The Great Within*』

누군가의 사랑을 받으며 즐겁고 행복하기를 원한다면 무엇을 어떻게 해야 할까? 당신은 어떠한 대상을 구체적으로 떠올릴 것이고, 그 사람이 당신과 완벽한 관계라고 생각할 것이다. 그러나 우주는 그 사람이 당신의 꿈을 이루게 해줄지 악몽으로 만들지 미리 알고 있다. 당신이 그 사람의 사랑을 받지 못한다면 끌어당김의 법칙이 작동하지 않는다고 생각할 것이다. 하지만 이 법칙은 여전히 작동 중이다. 당신의 큰 욕망은 사랑을 끌어당겨서 즐겁고 행복해지는 것이다. 반면 우주는 "그 남자 혹은 그 여자가 아니니 제발 지금 이 관계에서 벗어나라. 당신에게 더욱 완벽한 사람을 데려다주기 위해 내가 노력하는 중이다"라고 말하고 있다.

'누구', '어디', '언제', 또는 '어떻게'를 좇는 것을 주의하라. 당신의 진실한 욕망에 이 모든 것이 다가오는 것을 막을 수 있기 때문이다.

당신은 당신의 인생에 책임을 져야 한다. 당신이 과거에 저지른 엄청난 실수에 대해 책임을 지고자 마음먹었다는 것은 당신의 의식이 변하고 삶의 진실과 끌어당김의 법칙을 마주하고 있다는 증거다. 이러한 새로운 의식은 자동적으로 당신을 가치 있는 삶으로 이끈다.

대부분의 사람들은 건강하지 못할 때 건강에 대해 도움을 구한다. 그러나 당신은 언제나 건강을 생각할 수 있다. 매일 의지의 힘을 사용해 건강하게 잘 지내는 자신을 상상하라.

당신의 건강을 생각하고, 다른 사람의 건강을 생각하라.

의지의 힘으로 당신의 미래를 창조하라. 의지는 간단하게 말하면 미래를 결정하는 의식적인 행동이다. 건강, 인간관계, 행복, 돈, 창조 그리고 사랑은 현재의 의지에 따라 당신의 미래에 찾아올 것이다.

매일 목적을 갖고 살면서 미래의 삶을 창조하라.

『시크릿』책을 읽거나 「시크릿」영화를 감상하면 동시에 같은 주파수로 지식 하나가 마음속에 새겨질 것이다. 그런 다음 또다시 책을 읽거나 영화를 보면 더욱더 다양한 지식을 받아들일 것이다. 이러한 과정은 절대 멈추지 않는다. 책을 읽거나 영화를 볼 때마다 더 많은 것을 계속 발견할 것이다. 이러한 원리는 점점 더 명확해질 것이다. 매 순간 당신의 의식이 확장되기 때문이다.

오늘을 감사하라. 좋아하는 음악, 기분을 좋게 하는 영화, 사람들과 소통할 수 있게 해주는 전화기, 당신의 컴퓨터, 삶을 밝혀주는 전자제품에 감사하라. 당신을 여러 곳으로 이동시켜주는 항공기에 감사하라. 도로와 교통체계를 유지시키는 신호등에 감사하라. 건널 수 있는 다리를 건설해준 사람들에게 감사하라. 당신이 사랑하는 사람과 당신의 자녀, 당신의 애완동물에 감사하고, 이 글을 읽는 당신의 눈에 감사하라. 당신의 상상력에 감사하라. 당신이 생각할 수 있음을 감사하라. 말할 수 있음을 감사하라. 웃고 미소 지을 수 있음을 감사하라. 숨 쉴 수 있음을 감사하라. 살아 있음을 감사하라. 당신이 당신일 수 있음을 감사하라.

당신의 삶을 변화시킬 수 있는 단어가 있음을 감사하고 그것을 반복적으로 이야기하라.

감사합니다! 감사합니다! 감사합니다!

"은혜를 되갚는 것보다 더한 의무는 없다."

마르쿠스 툴리우스 키케로(기원전 106년~기원전 43년)

끝어당김의 법칙은 정확하고 명확하며 실패를 모른다. 그러므로 이 법칙이 작동하지 않더라도 실패하지 않는다. 이 법칙의 오류는 오직 사람이 그것을 사용할 때만 나타난다. 놀라운 소식이다. 걸음 마 연습을 하지 않았는가? 운전연습도 하지 않았는가? 연습을 통해 당신은 걷게 되었고, 운전하게 되었다.

연습은 당신과 그 외 모든 것 사이에 존재한다.

삶이라는 게임은 믿음의 강력한 방법을 창조하는 것으로 당신에게 주어진다. 당신이 원하는 것이 무엇이든지 비록 이미 그것을 갖고 있다 할지라도 현재의 축복으로 얻었다고 생각하라.

내일을 위해 오늘의 2분도 할애하지 않는다는 것은 말도 안 되는 일이다.

원하는 것에 맞게 창조적으로 시도하고 노력해보라. 만일 완벽한 파트너를 끌어당기고 싶다면 그 사람을 만났다고 생각하고 당신의 옷장에 파트너의 옷을 걸어놓을 공간을 만들어두라. 새 집을 갖고 싶다면 현재의 집을 말끔히 정리하고 이사 갈 준비를 하라. 여행을 가고 싶다면, 여행 가방을 준비하고, 여행지의 사진을 주위에 널어두고 그 사진 속에 당신 자신이 있도록 하라.

열망이 이루어진 듯 생각하고, 그것을 이룬 듯 창조적으로 행동하라.

감사합니다. 감사합니다. 감사합니다. 감사합니다. 감사합니다. 감사합니다. 감사합니다.

매일 즉각적으로 발전하고 싶다면 연속해서 7번씩 말하고 느끼라. "감사합니다."

끌어당김의 법칙은 정확하므로 원하는 결과를 얻지 못했다면 끌어당김의 법칙을 잘못 사용했기 때문이다. 원하는 것을 가져오는 대신, 원하는 것을 가져오지 못하도록 창조한 것이다. 당신은 둘 중 한 가지의 행동을 한 것이다.

끌어당김의 법칙은 틀리는 법이 없으며, 언제나 당신에게 응답하게 되어 있다.

"우리가 바라보는 모든 것은
우리가 바라보지 못하는 세계의 그림자다."

마틴 루터 킹(1929년~1968년)

『인간의 측정 *Measure of a Man*』

일주일을 투자해서, 끌어당김의 법칙을 강력하게 활용하여 당신의 삶 전체를 바꾸라. 원한다면 단 하루만이라도 시작해보라. 그리고 또 다른 하루를 위해 몇 주간은 그 습관을 유지하라. 당신에게 최고로 이로운 일을 하라. 가장 중요한 점은 당신이 그것을 하고 있다는 것이다.

오늘은 좋은 생각을 하는 월요일이다.

매주 월요일은 당신이 오직 좋은 생각만 하려는 날이다. 당신을 위해 좋은 생각만 하고, 다른 사람들을 위해서도 좋은 생각만 하라. 좋은 생각을 방해하는 것에 집중하지 말라. 하루가 시작될 때 "나는 오늘 수천 가지 좋은 생각만 할 것이다"라는 모든 의지를 담아 명령하고 다짐하라. 평균적으로 인간은 하루에 5만 가지가 넘는 생각을 한다. 당신은 오늘 좋은 생각을 할 수 있는 5만 번의 기회를 가진 것이다.

오늘은 감사의 화요일이다.

매주 화요일은 감사하고, 감사하고, 감사하는 날이다. 날씨, 당신의 옷, 교통수단, 위대한 발명, 집, 음식, 침대, 가족, 직장 동료, 당신을 도와주는 모든 사람, 건강, 몸, 눈, 귀 그리고 모든 감각에 감사하라. 특히 삶에서 즐거웠던 시간과 미래에 다가올 위대한 시간에 감사하라. 마지막으로 놀라운 삶을 창조하고 있는 모든 감사의 화요일에 감사하라.

오늘은 좋은 행동을 하는 수요일이다.

매주 수요일은 좋은 행동으로 우주 은행의 계좌를 가득 채우는 날이다. 당신 주변을 둘러싼 모든 것에 용기를 주라. 친절함을 베풀라. 당신이 만나고 얘기하는 모든 사람에게 좋은 말을 하라. 오늘더 많은 팁을 주라. 이유 없이 선물을 주라. 다른 사람을 위해 문을열라. 다른 사람을 위해 커피나 점심을 사라. 칭찬하라. 모든 사람에게 미소 지어주라. 오늘 당신을 도와주는 사람에게 진심 어린 관심을 보이라. 가까이 있는 사람에게 온전한 관심을 기울이라. 운전자에게 친절하라. 당신의 자리를 내주고 다른 사람이 앉을 수 있게양보하라. 좋은 행동을 할 수 있는 기회를 찾아보면 끌어당김의 법칙은 좋은 행동을 하는 수요일에 풍부하게 넘쳐날 것이다.

당신의 모든 것을 좋은 행동을 하는 수요일에 집중하면, 우주는 응답할 것이다. 바로 이날이 일주일 중 가장 최고의 날이 될 것이다.

오늘은 당신에게 감사하는 목요일이다.

매주 목요일은 "감사합니다"라고 할 수 있는 만큼 최대한 많이 느끼고 말하는 날이다. 감사를 전하고 싶은 모든 사람과 사건을 적어보라. 당신을 위해 희생해준 사람들에게 감사를 되돌려주라. 내딛는 걸음마다 "감사합니다"라는 마음을 담아 말하라. 운전하다가 정지 신호에서 "감사합니다"라고 말하라. 하루 중 다양한 순간 순간마다 마음속으로 연속해서 7번씩 "감사합니다"라고 생각하고 느끼라. 사람들에게 "감사합니다"라고 말할 수 있는 기회를 찾으라. 그리고 당신을 바라보는 사람들에게 많은 의미를 담아 말하라. 목요일 하루를 온전히 감사하라. 당신의 뛰어난 생각, 감정 그리고 당신이 하는 모든 말에 "감사합니다"라고 하라.

"감사합니다"라는 한 마디에는 상상조차 하기 어려운 잠재능력이 있다. 오직 필요한 일은 감사함을 표현할 때 그 단어 속에 힘을 싣는 것뿐이다. 감사합니다!

오늘은 기분 좋은 금요일이다.

매주 금요일은 당신 안에 좋은 감정을 가득 채우는 날이다.

오늘 하루를 지내면서 감정이 어떠한지 관심을 가지라. 더욱 좋은 감정으로 당신을 채우라. 좋은 감정이 넘쳐나도록 채우고 싶다면 기분을 좋게 하는 것으로 하루를 채우라. 좋아하는 노래를 들으라. 좋아하는 점심을 먹으라. 가장 친한 친구를 만나라. 당신이 좋아하는 것을 하면, 좋은 감정이 넘쳐나고 미소가 계속돼 기분이 좋아질 것이다. 좋은 감정이 넘쳐 흐르면, 당신은 하루 종일 그 감정 속을 둥둥 떠다닐 것이다.

오늘은 기운 나는 토요일이다.

매주 토요일은 새처럼, 어린아이처럼 자유가 느껴지는 날이다. 놀라! 즐기라! 오늘은 당신의 행복을 발견하고 그 속에서 지내는 날이다.

당신의 기분을 멋지게 만들어주는 일을 하라. 당신을 웃게 하는 것을 하라. 당신이 기뻐서 뛸 수 있는 것을 하라. 춤추고, 노래하고, 건너뛰고, 휘파람을 불어보라. 오늘 당신의 삶을 축복하라! 놀고, 웃고, 미소 짓고, 즐기면서 기운차게 지내라. 기운이 나면 부정적인 것에서 벗어날 수 있다. 당신의 감정이 가벼울수록, 더 많은 부정적인 것이 사라진다. 토요일은 당신을 기운 나게 만드는 날이다.

기억하라. 삶은 끝나지 않는 게임이며, 당신은 모든 영원한 것을 위해 게임할 것이다.

오늘은 모든 것이 완벽한 일요일이다.

매주 일요일은 지난 한 주를 되돌아보고 모든 좋은 것을 기억하는 날이다. 다음 한 주를 미리 내다보고, 좋은 것만 바라보라.

당신이 만들어낸 것은 완벽하고 당신이 만족할 만큼 훌륭하니, 이제 좀 쉬어도 좋다.

당신은 완벽한 인생 여정의 완벽한 장소에 있다. 당신이 선택한 것이기 때문에 지금 있는 이곳이 가장 좋은 곳이다. 사실 당신은 지금보다 더 완벽할 수 없다.

론다 번

론다 번은 영화 「시크릿」으로 자신의 여정을 시작했으며, 전 세계 수백 만 명의 사람이 이 영화를 보았다. 뒤이어 『시크릿』 책을 내놓았고, 이 책은 50개국 언어로 번역되어 2,400만 부 이상 팔렸다.

『스크릿』은 198주 연속으로 「뉴욕타임스」 베스트셀러에 올랐으며, 「USE 투데이」에서 선정한 지난 15년간 가장 많이 팔린 베스트셀러 20 위 목록에 들었다.

론다 번은 2010년 『파워』와 2012년 『매직』을 내놓았고, 이들 책 역시 「뉴욕타임스」 베스트셀러에 올랐다.

시크릿 데일리 티칭

| 펴낸날 | 초판　1쇄　2015년　1월　1일 |
| | 초판 10쇄　2024년　6월　21일 |

지은이	**론다 번**
옮긴이	**이민영**
펴낸이	**심만수**
펴낸곳	**(주)살림출판사**
출판등록	1989년 11월 1일 제9-210호

주소	경기도 파주시 광인사길 30
전화	031-955-1350　　팩스　031-624-1356
홈페이지	http://www.sallimbooks.com
이메일	book@sallimbooks.com

| ISBN | 978-89-522-3032-4　03320 |